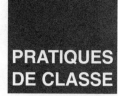

PRATIQUES DE CLASSE

Exercices systématiques de prononciation française

HACHETTE
Français langue étrangère

www.hachettefle.fr

Maquette de couverture et maquette intérieure : Amarante
Adaptation de maquette et mise en pages : MÉDIAMAX
Infographie : Gilles Poing
Secrétariat d'édition : Jean-Gabriel Saint-Paul

ISBN 978-2-01-155218-1

SOMMAIRE

DEUXIÈME PARTIE

Rythme et intonation

AVANT-PROPOS

Tout ce qui concerne l'articulation fait l'objet de la première partie de cet ouvrage, tout ce qui concerne le rythme et l'intonation française fait l'objet de la seconde partie. Loin de nous cependant l'idée que les deux aspects de la correction en classe (habitudes articulatoires considérées dans leurs aspects phonétiques et phonémiques d'une part et habitudes mélodiques comportant les problèmes d'accent, de rythme et d'intonation, d'autre part) doivent être envisagés à deux stades différents de l'enseignement et qu'une hiérarchie simpliste puisse être ainsi établie.

Dans la pratique quotidienne, le professeur fondera sur d'autres considérations la progression phonétique qu'il entend suivre et pourra déterminer l'ordre d'urgence d'après différents groupes de critères : par exemple, ce qui est nécessaire à la compréhension (phonèmes essentiels, éléments de l'accentuation et du rythme, schémas mélodiques significatifs), puis distinctions de type phonétique et schémas mélodiques expressifs, enfin tous les degrés menant à la perfection, ou bien critères d'ordre comparatif, ces deux groupes de critères se recoupant d'ailleurs.

Le recueil de Madame Léon est très riche, trop riche même pour le professeur qui s'adresse à des groupes d'étudiants étrangers homogènes sur le plan linguistique. Les exercices proposés se répartissent en deux catégories. Les oppositions phonologiques ont donné lieu à une exploitation systématique ; nombre d'exercices se situent sur le plan paradigmatique. Mais le plan syntagmatique n'a pas été négligé pour autant : les exercices sur les contrastes dans la chaîne parlée reprennent une tradition corrective dont il ne faudrait pas sous-estimer l'efficacité.

Le professeur n'utilisera que ce dont il aura besoin. Le plan de ce recueil n'est pas un plan de cours systématique. Cependant n'interviennent dans le texte de ce recueil d'exercices que le minimum de termes techniques et pratiquement aucun symbole phonétique. Nous avons voulu ainsi permettre à tous les professeurs de français langue étrangère, d'entrer de plain-pied dans un domaine assez nouveau pour certains d'entre eux et les amener à une étude plus approfondie en leur montrant, par l'utilisation immédiate qu'ils peuvent faire des exercices dans leur propre classe, la portée pratique que peut avoir une telle étude, au plan de la compréhension comme au plan de l'élocution.

Guy CAPELLE

Cette nouvelle édition est accompagnée de deux cassettes audio ou de deux CD audio. Les enregistrements ont été entièrement refaits. Chaque exercice enregistré est signalé par le pictogramme .

CARACTÉRISTIQUES ARTICULATOIRES DU FRANÇAIS HABITUDES PHONÉMIQUES ET PHONÉTIQUES

Cette première partie étudie les principaux obstacles à la compréhension : les fautes d'*articulation* commises par les étrangers en français. Il s'agit parfois de conseils généraux. Néanmoins, tous les sons du système français, sur lesquels reposent les différences de sens (phonémique), sont étudiés les uns par rapport aux autres. Ainsi, la voyelle de l'article *le* (singulier) est présentée par rapport à celle du mot *les* (pluriel). Parallèlement aux problèmes articulatoires concernant la compréhension linguistique, les traits généraux du phonétisme français sont étudiés. Ce sont des habitudes phonétiques qui ne concernent plus les sons isolés, mais leur contexte accentuel, rythmique, intonatif, etc.

Il est bien évident qu'on pourra également se reporter très tôt à la deuxième partie, qui étudie spécialement les habitudes mélodiques du français. C'est au professeur de juger l'ordre d'urgence pour ses étudiants.

1 L'enchaînement consonantique

(D) Définition

Lorsqu'un mot se termine par une *consonne prononcée* et que le mot suivant commence par une *voyelle*, la consonne finale du premier mot devient initiale du mot suivant.

Exemple

Avec une amie
– le *c* final de *avec* se prononce au commencement du mot *une* ;
– le *n* final de *une* se prononce au commencement du mot *amie*. (Le *e* final de *une* ne se prononce pas.)
On prononce donc : *a-ve-cu-na-amie.*

(C) Conseil pratique

La non-observation de cette loi phonétique fondamentale entraîne des fautes dans l'articulation, le rythme, etc., qui peuvent entraver la compréhension. Il faut s'entraîner à **enchaîner** les mots au lieu de les prononcer isolément. Mais il faut noter que cet enchaînement se fait essentiellement dans un groupe de mots qui représentent une même idée. (Voir leçon 34, p. 102.)

(E)XERCICE 1

Le *l* final des pronoms *il* et *elle* se prononce avec la première syllabe des verbes commençant par une voyelle. Imiter l'enregistrement.

Attention ! Remarquer que les deux *l* de *elle* se prononcent exactement comme le *l* unique de *il*. Insister sur la différence *i/e* dans les pronoms personnels *il* et *elle*. Le *i* du pronom *il* est la seule marque distinctive du masculin par rapport au *e* du pronom féminin *elle*.

Il a faim	**Elle a faim***	Il est fatigué	Elle est fatigué
Il a soif	**Elle a soif**	Il est malade	Elle est malade
Il a sommeil	**Elle a sommeil**	Il est perdu	Elle est perdu
Il a peur	**Elle a peur**	Il est timide	Elle est timide
Il a honte	Elle a honte	Il est triste	Elle est triste
Il a mal	Elle a mal	Il est chic	Elle est chic
Il a raison	Elle a raison	Il est gai	Elle est gaie
Il a tort	Elle a tort	Il est bien	Elle est bien

---

* Un trait vertical entre deux colonnes indique qu'on doit opposer les exemples de droite à ceux de gauche.
Ex. *Il a faim* et *Elle a faim.*

Il attend	Elle attend	Il y va	Elle en dit
Il espère	Elle espère	Il y reste	Elle en boit
Il arrive	Elle arrive	Il y passe	Elle en voit
Il oublie	Elle oublie	Il y demeure	Elle en sait
Il apprend	Elle apprend	Il y pense	Elle en veut
Il insiste	Elle insiste	Il y réfléchit	Elle en mange
Il écoute	Elle écoute	Il y touche	Elle en prend
Il observe	Elle observe	Il y réussit	Elle en reçoit

❷XERCICE 2

Le *t* des mots *cet* et *cette* doit passer à l'initiale du mot suivant.
Attention ! Pas de différence phonétique entre *cet* et *cette*.

Cet hiver	**Cette année**
Cet été	**Cette habitude**
Cet homme	**Cette affaire**
Cet enfant	**Cette idée**
Cet abbé	Cette histoire
Cet expert	Cette envie
Cet avion	Cette époque
Cet obstacle	Cette odeur

Le *l* des mots *quel* et *quelle* doit passer à l'initiale du mot suivant.
Attention ! Pas de différence phonétique entre *quel* et *quelle*.

Quel ornement	Quelle utopie
Quel avantage	Quelle ordonnance
Quel officier	Quelle opinion
Quel héritage	Quelle élégance
Quel idéal	Quelle importance
Quel examen	Quelle origine
Quel habillement	Quelle époque
Quel imbécile	Quelle aventure

Le *l* des mots *bel* et *belle* doit passer à l'initiale du mot suivant.
Attention ! Pas de différence phonétique entre *bel* et *belle*.

Un bel oiseau	Une belle année
Un bel enfant	Une belle histoire
Un bel avion	Une belle idée
Un bel amour	Une belle affaire
Un bel effet	Une belle époque
Un bel effort	Une belle armoire
Un bel ouvrage	Une belle armure
Un bel été	Une belle usine

La consonne *m* du mot *même* doit passer à l'initiale du mot suivant.

Le même oiseau	La même année
Le même avion	La même histoire
Le même enfant	La même idée
Le même amour	La même affaire
Le même agent	La même époque
Le même effet	La même armoire
Le même ouvrage	La même usine

③ XERCICE 3

La consonne finale des mots *avec*, *toujours*, *par*, *pour*, doit passer à l'initiale du mot suivant.

Avec elle	**Toujours aimable**	Par amour	Pour eux
Avec eux	**Toujours écouté**	Par habitude	Pour elle
Avec attention	**Toujours applaudi**	Par oubli	Pour avoir
Avec amour	**Toujours ensemble**	Par inattention	Pour arriver
Avec espoir	**Toujours avec elle**	Par hasard	Pour exercer
Avec horreur	**Toujours à l'heure**	Par exemple	Pour obtenir
Avec une amie	**Toujours en retard**		

Dans les mots comme *notre*, *quatre*, *table*, le groupe final des deux consonnes (*tr*, *bl*) devient initial du mot suivant. On ne dit pas « notre ami » mais « no-tra-mi » (le e final disparaît).

Notre enfant	Votre enfant	Quatre enfants	Une table en bois
Notre avantage	Votre avantage	Quatre hommes	Un oncle aimable
Notre âge	Votre âge	Quatre heures	Le peuple américain
Notre époque	Votre époque	Quatre ans	Un article habile
Notre ouvrage	Votre ouvrage	Quatre avions	Une boucle étroite
Notre avion	Votre avion	Quatre autobus	Ça souffle encore
Notre espoir	Votre espoir	Quatre assiettes	Un socle en pierre
Notre histoire	Votre histoire	Quatre animaux	Il siffle avec ses doigts

℗ HRASES

Dans les phrases suivantes, tous les mots sont enchaînés, il ne doit pas y avoir d'arrêt dans l'émission de la phrase :

Elle est toujours aimable avec eux.

Il est seul avec un enfant.

Sa mère est allée en Amérique en avion.

Vous irez avec eux à huit heures et demie.

Cet été, elle voyage en Espagne et en Afrique.

C'est une femme aimable et très élégante.

C'est un homme agréable et très intelligent.

Il faut prendre une voiture et partir immédiatement.

Remarque : Pour l'*intonation* de ces phrases, imiter aussi exactement que possible celle de l'enregistrement. Remarquer que la voix monte sur les syllabes surmontées d'une flèche montante et qu'elle descend sur les syllabes surmontées d'une flèche descendante.

2 L'enchaînement vocalique

(T) Type j'ai eu un billet
(G) Groupes linguistiques tous

(D) Définition

Lorsqu'un mot se termine par une voyelle prononcée et que le mot suivant commence par une voyelle, il n'y a pas d'arrêt de la voix entre les deux voyelles : les deux voyelles sont **enchaînées**.

Exemple
J'ai eu un billet.
Le phonème *eu* (qui se prononce comme le *u* de *tu*) suit immédiatement le phonème *ai* de *j'ai* sans coupure.

(C) Conseils pratiques

Remarquer que les voyelles enchaînées ne se prononcent pas sur le même ton et que cette mélodie aide beaucoup à éviter les coupures brusques. Se référer à l'enregistrement pour faire les exercices suivants, en imitant fidèlement la mélodie.

Remarque : L'enchaînement vocalique se fait essentiellement dans un groupe de mots qui représentent une même idée.

(E)XERCICE 1

J'ai demandé un café	**Elle va au théâtre**
J'ai demandé un thé	**Elle va au cinéma**
J'ai demandé un taxi	**Elle va au marché**
J'ai demandé un jeton	**Elle va au bal**
J'ai demandé un passeport	Elle va à la piscine
J'ai demandé un permis	Elle va à la boutique
J'ai demandé un témoin	Elle va à la crèmerie
J'ai demandé un congé	Elle va à la mairie

Lundi à midi	La Hongrie	En janvier et en février
Mardi à une heure	La Hollande	En février et en mars
Mercredi à huit heures	Là-haut	En mai et en juin
Jeudi à onze heures	La haine	En juin et en juillet
Vendredi après-midi	La hauteur	En juillet et en août
Samedi après-dîner	La halte	En août et en septembre
Dimanche après huit heures	La houille	En août et en décembre
À samedi ou à dimanche	La housse	En janvier et en juin

❷XERCICE 2

Présent	Passé composé	Présent	Passé composé
J'ai un billet	**J'ai eu un billet**	Il a une idée	Il a eu une idée
J'ai un livre	**J'ai eu un livre**	Il a une invitation	Il a eu une invitation
J'ai un visiteur	**J'ai eu un visiteur**	Il a une amende	Il a eu une amende
J'ai un bouton	**J'ai eu un bouton**	Il a une unité	Il a eu une unité
J'ai un diplôme	J'ai eu un diplôme	Il a une occasion	Il a eu une occasion
J'ai un journal	J'ai eu un journal	Il a une histoire	Il a eu une histoire
J'ai un procès	J'ai eu un procès	Il a une aventure	Il a eu une aventure
J'ai un voisin	J'ai eu un voisin	Il a une augmentation	Il a eu une augmentation

Présent	Passé composé	Imparfait	Passé composé
Il y a une affection	Il y a eu une affection	J'étais amusé	J'ai été amusé
Il y a une inspection	Il y a eu une inspection	J'étais étonné	J'ai été étonné
Il y a une attention	Il y a eu une attention	J'étais insulté	J'ai été insulté
Il y a une impression	Il y a eu une impression	J'étais assuré	J'ai été assuré
Il y a une émotion	Il y a eu une émotion	J'étais inspecté	J'ai été inspecté
Il y a une extension	Il y a eu une extension	J'étais impliqué	J'ai été impliqué
Il y a une édition	Il y a eu une édition	J'étais engagé	J'ai été engagé
Il y a une intention	Il y a eu une intention	J'étais oublié	J'ai été oublié

❿HRASES

Dans les phrases suivantes tous les mots sont enchaînés, il ne doit pas y avoir d'arrêt dans l'émission de la phrase.

J'ai voulu essayer moi aussi.

Ça a été difficile pour toi aussi.

Il n'est ni honnête ni habile.

Où est-il allé à huit heures ?

On a une idée erronée sur cette question.

Elle n'a pas hésité à y aller aussitôt.

Il a eu un succès extraordinaire lui aussi.

J'ai oublié mon imperméable en haut.

Remarque : Pour l'intonation de ces phrases, imiter aussi exactement que possible celle de l'enregistrement. Remarquer que la voix monte sur les syllabes surmontées d'une flèche montante et qu'elle descend sur les syllabes surmontées d'une flèche descendante.

3 Opposition voyelle arrondie / voyelle écartée

Ⓣ Type le / les

Ⓖ Groupes linguistiques tous, en particulier les langues latines, slaves, africaines, asiatiques et grecques.

Ⓓ Définitions

– Voyelle arrondie = prononcée avec les lèvres arrondies (comme pour siffler). Signe conventionnel : ✕.

– Voyelle écartée = prononcée avec les lèvres écartées (comme pour sourire). Signe conventionnel : ↔.

Ⓤ Utilité de cette distinction

En français, un grand nombre de mots ne peuvent être distingués que par cette opposition :

Exemples

Voyelle arrondie ✕	*Voyelle écartée* ↔
ce	ces
deux	des
veux	vais
je	j'ai

Ⓔ XERCICE 1

Il faut s'habituer à associer ces sons avec le mouvement des lèvres correspondant. Faire les exercices suivants avec un miroir, en écoutant l'enregistrement.

Singulier	*Pluriel*
Voyelle arrondie ✕	*Voyelle écartée* ↔
Avec *le* professeur	**Avec *les* professeurs**
Avec *le* livre	**Avec *les* livres**
Avec *le* garçon	**Avec *les* garçons**
Avec *le* technicien	**Avec *les* techniciens**
Avec *le* serveur	Avec *les* serveurs
Avec *le* chauffeur	Avec *les* chauffeurs
Avec *le* porteur	Avec *les* porteurs
Avec *le* vendeur	Avec *les* vendeurs

Singulier	Pluriel	Singulier	Pluriel
Voyelle arrondie ✕	*Voyelle écartée* ⟷	*Voyelle arrondie* ✕	*Voyelle écartée* ⟷
Pour *ce* professeur-là	Pour *ces* professeurs-là	Prends-*le*	Prends-*les*
Pour *ce* livre-là	Pour *ces* livres-là	Dis-*le*	Dis-*les*
Pour *ce* garçon-là	Pour *ces* garçons-là	Fais-*le*	Fais-*les*
Pour *ce* technicien-là	Pour *ces* techniciens-là	Donne-*le*	Donne-*les*
Pour *ce* serveur-là	Pour *ces* serveurs-là	Crois-*le*	Crois-*les*
Pour *ce* chauffeur-là	Pour *ces* chauffeurs-là	Chante-*le*	Chante-*les*
Pour *ce* porteur-là	Pour *ces* porteurs-là	Sors-*le*	Sors-*les*
Pour *ce* vendeur-là	Pour *ces* vendeurs-là	Compte-*le*	Compte-*les*

Singulier	Pluriel
La première voyelle est arrondie ✕	*La première voyelle est écartée* ⟷
Monsieur	Messieurs

Remarque : on dans *monsieur* se prononce comme *e* dans *le*. *Es* dans *messieurs* se prononce comme *es* dans *les*. Le *r* final ne se prononce jamais dans *monsieur*.

Bonjour monsieur.	Bonjour messieurs.
Oui monsieur.	Oui messieurs.
Non monsieur.	Non messieurs.
Mais certainement monsieur.	Mais certainement messieurs.
Avec plaisir monsieur.	Avec plaisir messieurs.
Bien entendu monsieur.	Bien entendu messieurs.
Au revoir monsieur.	Au revoir messieurs.
À bientôt monsieur.	À bientôt messieurs.

❷XERCICE 2

Opposition entre :
– *je* : consonne arrondie + voyelle arrondie ✕✕
– *j'ai* : consonne arrondie + voyelle écartée ✕ ⟷

Présent	Passé composé	Présent	Passé composé
Je dis	**J'ai dit**	Il *se* dit	Il *s'est* dit
Je fais	**J'ai fait**	Il *se* fait	Il *s'est* fait
Je ris	**J'ai ri**	Il *se* teint	Il *s'est* teint
Je finis	**J'ai fini**	Il *se* plaint	Il *s'est* plaint
Je conduis	**J'ai conduit**	Il *se* joint	Il *s'est* joint
Je construis	**J'ai construit**	Il *se* bâtit	Il *s'est* bâti
Je bâtis	**J'ai bâti**	Il *se* réjouit	Il *s'est* réjoui
Je joins	**J'ai joint**	Il *se* conduit	Il *s'est* conduit

L'opposition dans l'exercice suivant, comme dans l'exercice précédent, entre le présent et le passé composé réside entre *je* et *j'ai*, mais, dans le suivant, la fin du verbe n'est pas la même dans les deux temps. Le présent se termine par la consonne et le passé composé par la même voyelle écartée que dans *ai*.

Je marche	*J'ai* marché	Il *se* réveille	Il *s'est* réveillé
Je mange	*J'ai* mangé	Il *se* baigne	Il *s'est* baigné
Je travaille	*J'ai* travaillé	Il *se* lave	Il *s'est* lavé
Je répète	*J'ai* répété	Il *se* rase	Il *s'est* rasé
Je sonne	*J'ai* sonné	Il *se* coiffe	Il *s'est* coiffé
Je chante	*J'ai* chanté	Il *se* prépare	Il *s'est* préparé
Je demande	*J'ai* demandé	Il *se* brosse	Il *s'est* brossé
Je lave	*J'ai* lavé	Il *se* demande	Il *s'est* demandé

EXERCICE 3

Opposition entre :
– *veux* : voyelle arrondie ✗ (présent du verbe *vouloir*)
– *vais* : voyelle écartée ↔ (présent du verbe *aller*)

Je *veux* partir	Je *vais* partir
Je *veux* changer	Je *vais* changer
Je *veux* manger	Je *vais* manger
Je *veux* boire	Je *vais* boire
Je *veux* dormir	**Je *vais* dormir**
Je *veux* finir	**Je *vais* finir**
Je *veux* chercher	**Je *vais* chercher**
Je *veux* trouver	**Je *vais* trouver**

Opposition entre :
– *deux* : voyelle arrondie ✗
– *des* : voyelle écartée ↔

J'ai *deux* amis	J'ai *des* amis
J'ai *deux* livres	J'ai *des* livres
J'ai *deux* crayons	J'ai *des* crayons
J'ai *deux* camarades	J'ai *des* camarades
J'ai *deux* chapeaux	J'ai *des* chapeaux
J'ai *deux* frères	J'ai *des* frères
J'ai *deux* sœurs	J'ai *des* sœurs
J'ai *deux* professeurs	J'ai *des* professeurs

Opposition entre :
– *je me* : voyelle arrondie ✕
– *j'aime* : voyelle écartée ↔

Je *me* lève	*J'aime* bien ça
Je *me* lave	*J'aime* bien la classe
Je *me* coiffe	*J'aime* bien *le* chocolat
Je *me* promène	*J'aime* bien les gâteaux
Je *me* demande	*J'aime* bien la bière
Je *me* couche	*J'aime* bien *le* café
Je *me* réveille	*J'aime* bien la musique

Opposition entre des verbes de sens différents mais dont la seule différence phonétique est dans la première syllabe :
– *je* : consonne arrondie + voyelle arrondie ✕ ✕
– *j'e...* : consonne arrondie + voyelle écartée ✕ ↔

Je sais	*J'essaie*	*Je* sors	*J'essore*
Je suis	*J'essuie*	*Je* sème	*J'essaime*

ⓅHRASES

J'ai peur que mon père ne soit pas à l'heure.

Sa mère meurt d'un cancer.

Elle a les yeux bleus.

Demandez du café au lait et du pain avec du beurre.

Il a eu mal au cœur au Caire.

Il y a un bouquet de fleurs bleues dans l'entrée.

Elle est trop jeune pour voyager seule.

A quelle heure est-ce que sa sœur a téléphoné ?

Remarque : Pour l'intonation de ces phrases, imiter aussi exactement que possible celle de l'enregistrement. Remarquer que la voix monte sur les syllabes surmontées d'une flèche montante et qu'elle descend sur les syllabes surmontées d'une flèche descendante.

4 Opposition voyelle antérieure / voyelle postérieure

Ⓣ **Type** deux / dos

Ⓖ **Groupes linguistiques** surtout les langues d'Afrique, d'Asie et du Moyen-Orient

Ⓓ **Définitions**

– Voyelle *postérieure* = prononcée avec la langue en *arrière* (signe conventionnel →).
– Voyelle *antérieure* = prononcée avec la langue en avant (signe conventionnel ←).

Exemple

<table>
<tr><td align="center">Voyelle postérieure →
o dans dos</td><td align="center">Voyelle antérieure ←
eu dans deux</td></tr>
</table>

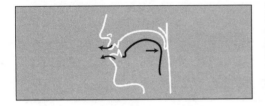

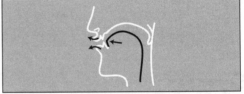

– La langue est **en arrière**.	– La langue est **en avant**.
– Les mâchoires sont presque fermées.	– Les mâchoires sont presque fermées.
– Les lèvres sont arrondies.	– Les lèvres sont arrondies.

ⒺXERCICE

Ici, le miroir ne peut pas aider, puisqu'il s'agit surtout de différencier la position de la langue, la bouche étant presque fermée et les lèvres *arrondies*. Faire les exercices en écoutant bien l'enregistrement et en associant le son au mouvement de la langue qui y correspond.

Remarque : Pour des raisons de simplification (surtout au niveau des débutants), on ne fera pas de différence, dans la présentation, entre les trois voyelles de je, jeu, jeune. L'étudiant doit se limiter à une imitation aussi exacte que possible de l'enregistrement.

Expressions et mots courants

→	←	→	←
L'eau	**Le**	C'est gros	C'est creux
Caux	**Queue**	C'est haut	C'est eux
Dos	**Deux**	C'est beau	C'est mieux
Sot	**Ceux**	Je vaux	Je veux
Nos	**Nœud**	Tu vaux	Tu veux
Vos	**Veux**	Il vaut	Il veut
Faux	**Feu**	Ça vaut	Ça veut

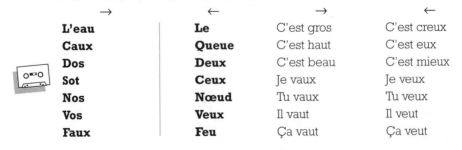

Bonjour monsieur
Jø vous en prie monsieur
Oui monsieur
Non monsieur.

Mais certainøment monsieur
Très heureux monsieur
Au revoir monsieur
A bientôt monsieur

PHRASES

J'ai deux pots.

Un peu d'eau s'il vous plaît.

Un pot d'eau s'il vous plaît.

De l'eau chaude s'il vous plaît.

Je veux de l'eau.

Les deux autres.

Un pøtit peu.

Un pøtit pot.

Ceux-là sont vrais, ceux-là sont faux.

Mettez-les dos à dos tous les deux.

Quel beau feu !

Elle a une robe mauve et bleue.

Il y a trop dø gens contre eux.

Il y a deux messieurs dans le hall.

C'est pour eux que jø veux dø beaux glaïeuls.

Mettez un gros morceau dø beurre.

Elle a une deux-chøvaux.

Elle a dø beaux chøveux.

5 Opposition voyelle écartée / voyelle arrondie

Ⓣ **Type** lit / lu / loup
Ⓖ **Groupes linguistiques** tous

Ⓡ Remarques

Les Scandinaves et les Germaniques, bien que possédant un *u* dans leur langue, devront faire attention, à bien arrondir les lèvres pour le *u* français, qui est plus labial que le leur.

Les Latins, les Slaves, les Turcs distinguent facilement à l'audition le *u* du *i*. Mais si les deux sons se trouvent à proximité l'un de l'autre, ils les confondent souvent dans la prononciation. Travailler avec le miroir : *i* = ↔, *u* = ✕.

Opposition *Lit* / *Lu* ↔ ✕

Pour ces deux voyelles (antérieures), **la langue est en avant**, mais elles s'opposent ainsi :

Lit = voyelle écartée ↔   *Lu* = voyelle arrondie ✕

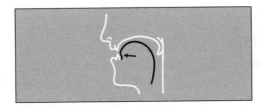   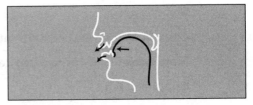

– Lèvres écartées pour *i* ↔   – Lèvres avancées pour *u* ✕.

Ⓒ Conseil pratique

Une faute courante (Japonais, Américains du Nord) consiste à faire précéder le *u* du son *yod* (son que représente le *y* du mot anglais *yes*). C'est parce que la langue est trop relevée contre le palais. Il faut l'abaisser et l'avancer, comme pour siffler.

Opposition *Lu* / *Loup*

Pour ces deux voyelles **arrondies, les lèvres sont avancées dans la même position**. Mais elles s'opposent ainsi :

Lu = *voyelle antérieure* ←   *Loup* = *voyelle postérieure* →

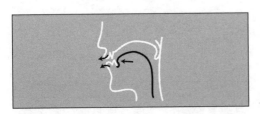   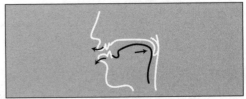

– Langue avancée pour *u* ←   – Langue reculée pour *ou* →

Remarque : Le *ou* français est très postérieur.

❸XERCICE 1

Travailler les oppositions suivantes *i / u / ou* avec un *miroir*, en écoutant l'enregistrement.

↔	✗	✗	↔ ✗	↔ ✗
si	**su**	**sou**	**Je n'y vais plus**	Il a *eu* peur
chi	**chu**	**chou**	**Je n'y suis plus**	Il a *eu* faim
fi	**fu**	**fou**	**Je n'y pense plus**	Il a *eu* soif
vi	**vu**	**vou**	**Je n'y habite plus**	Il a *eu* honte
ti	**tu**	**tou**	**Je n'y couche plus**	Il a *eu* mal
mi	**mu**	**mou**	**Je n'y déjeune plus**	Il a *eu* raison
ni	**nu**	**nou**	**Je n'y travaille plus**	Il a *eu* chaud
cri	**cru**	**crou**	**Je n'y vois plus**	Il a *eu* froid
pli	**plu**	**plou**		

✗ ↔	✗ ✗	✗ ↔
Tu *y* publies	Tu doutes	J'étudie
Tu *y* souscris	Tu pousses	Tu étudies
Tu *y* réfléchis	Tu tousses	Il étudie
Tu *y* participes	Tu bouches	Elle étudie
Tu *y* joues	Tu bouges	Ils étudient
Tu *y* séjournes	Tu souffres	Elles étudient
Tu *y* contribues	Tu coupes	On étudie
Tu *y* réussis	Tu boudes	On n'étudie plus

❸XERCICE 2 SPÉCIAL POUR LES ANGLOPHONES

En anglais, le groupe *u* + consonne peut se prononcer de deux façons :
– soit *you* comme dans *pure* [pju : r] ;
– soit *eu* comme dans *surface* [sœ : rfes].

En français, dans les deux cas, la prononciation est la même, c'est un *u* pour lequel la langue ne s'appuie pas trop fortement contre le palais, (sinon il se dégage un *yod*) et pour lequel la langue est fortement poussée contre les dents inférieures (sinon le *u* devient *eu*).

bureau	durable	bulbe	surtout
cubique	duplicata	buffet	subtil
cupide	furieux	culminer	succès
cure	curiosité	curriculum	surface

🅟HRASES

J'ai l'habitude.

C'est *inutile*.

C'est s*u*ffisant.

C'est de la m*u*sique classique.

C'est très ut*i*le.

Non, merc*i*, je n'en veux pl*u*s.

Ça lui a pl*u*.

Il a pl*u* du jeud*i* au sam*e*d*i*.

J'ai l*u* dans mon l*i*t.

On s'habit*u*e à to*u*t.

C'est st*u*p*i*de.

C'est j*u*stifié.

C'est ab*u*sif.

S*i* j'avais s*u* !

Sa f*i*lle est t*i*m*i*de.

Sa veste est hum*i*de.

Il est v*e*nu tout d*e* su*i*te.

As-t*u* tout d*i*t ?

C'est no*u*s qu*i* l'avons v*u*.

Pl*u*s du to*u*t !

V*i*ve la Rép*u*blique !

Cette fo*u*rr*u*re est jol*i*e.

Il a le fou r*i*re.

C'est r*i*d*i*cule.

Il y a beaucoup d'ind*u*str*i*es métall*u*rg*i*ques.

D*i*x m*i*lle en p*e*tites co*u*p*u*res, s'il vo*u*s plaît.

6 Opposition voyelles orales / voyelles nasales

Ⓣ **Type** beau / bon
Ⓖ **Groupes linguistiques** tous

Ⓓ **Définitions**

Une voyelle est **orale** lorsqu'elle est émise uniquement par la bouche. Le o du mot *beau* est oral.

Une voyelle est **nasale** lorsqu'elle est émise par la bouche, mais aussi un peu par le nez. Le o du mot *bon* est nasal.

Quand une voyelle est-elle nasale ?

Parler français ne veut pas dire parler du nez. Il n'y a que quatre voyelles sur seize en français qui soient nasales, et le voisinage d'un *n* ou d'un *m* se nasalise pas forcément la voyelle qui est avant ou après. Il faut donc savoir exactement quand une voyelle est nasale.

Une voyelle est nasale dans trois cas seulement.

– *Voyelle + n* ou *m + consonne* (le *n* ou le *m* ne sont pas prononcés) :
sympathique [sɛ̃patik]　　envolé [ɑ̃vole]　　honteux [ɔ̃tø]　　lundi [lœ̃di]
– *Voyelle + n* ou *m + consonne non prononcée et finale* (le *n* ou le *m* ne sont pas prononcés) :
teint [tɛ̃]　　　　champ [ʃɑ̃]　　　pont [pɔ̃]　　　défunt [defœ̃]
– *Voyelle + n* ou *m en finale* (le *n* et le *m* ne sont pas prononcés) :
faim [fɛ̃]　　　　bon [bɔ̃]　　　l'an [lɑ̃]　　　parfum [parfœ̃]
Par contre, une **voyelle + n** ou **m (ou nn ou mm) + voyelle**, n'est pas nasale et le *n* ou le *m* est prononcé :
timide [timid]　　fané [fane]　　immobile [imobil]　　année [ane]

Ⓔ XERCICE 1

Voyelles non nasales nn ou mm prononcés comme un seul	Voyelles non nasales n ou m prononcé	Voyelles nasales n ou m non prononcé	Voyelles nasales n ou m non prononcé
immobile	**image**	**impossible**	**faim**
inné	**inutile**	**incroyable**	**fin**
ennemi	**énergie**	**entier**	**teint**
ammoniaque	**ami**	**ampoule**	**an**
année	anormal	antenne	cent
anneau	analyse	anglais	temps
honnête	honorer	honteux	bon
connaître	tonique	content	font

23

Ⓕ **Faute à éviter**

Dans de nombreuses langues, le voisinage d'une consonne nasale nasalise les voyelles environnantes. Par exemple, en américain du Nord, *John* se prononce avec un *o* nasalisé, en espagnol dans *corazon* le *o* final est aussi un *o* nasalisé. Il faut donc, avant d'entreprendre l'étude des voyelles nasales, travailler à dénasaliser les voyelles qui voisinent avec une consonne nasale.

Ⓒ **Conseils pratiques pour l'opposition voyelle orale + consonne orale / voyelle orale + consonne nasale**

Dans les trois mots : *bosse*, *botte*, *bonne*, la voyelle *o* est exactement la même. En effet, en français, la consonne qui suit (ou qui précède) une voyelle n'affecte pas celle-ci.

En imitant bien l'enregistrement, répéter pendant les pauses ces trois mots : *bosse*, *botte*, *bonne*, en essayant de reproduire *la même voyelle orale* chaque fois.

Il peut être utile de placer le bout des doigts, sans appuyer, sur la base de l'os du nez ; on ne doit pas sentir de vibration pour la voyelle *orale*, c'est-à-dire pour la plupart des exemples de cette leçon.

Ⓔ**XERCICE 2**

        FI

	SSE		PE		LS		GUE
BO ←	TTE	CA ←	SSE	FI ←	XE	DA ←	TE
	NNE		NNE		NE		ME

Remarque : Dans cet exercice, la consonne finale doit être bien explosive, comme si elle commençait une nouvelle syllabe.

La voyelle est la même dans les mots suivants qui ne s'opposent que par : consonne finale orale / consonne finale nasale.

fil	fine	date	dame
belle	benne	fade	femme
sec	Seine	os	homme
sol	sonne	semelle	semaine

Ⓟ**HRASES**

Bonjour Madame.

Jé vous en prie Madame.

Oui Madame.

Non Madame.

Mais certainément Madame.

À bientôt Madame.

Au revoir Madame.

Mes hommages Madame.

Elle est très fine.

J'en ai une.

Quel clown !

Elle a dé la peine.

Elle est trop jeune.

Elle est très bonne.

On sonne.

Il y a une panne.

7 Opposition voyelles nasales finales / voyelles orales + consonne nasale

Ⓣ **Type** plein / pleine
Ⓖ **Groupes linguistiques** tous

Ⓓ **Définition**

Voir leçon précédente, page 23.

Ⓕ **Fautes à éviter**

Ne pas faire suivre la voyelle nasale d'une consonne nasale. Ne pas nasaliser la voyelle orale suivie d'une consonne nasale.

Ⓒ **Conseil pratique**

Pour la prononciation de la voyelle nasale, se référer surtout à l'audition : écouter l'enregistrement.

ⒺXERCICE 1

Les exercices suivants présentent des adjectifs, des noms, des pronoms et des verbes contrastés, qui ne peuvent être distingués que par l'opposition : voyelle nasale finale / voyelle orale + consonne nasale finale.

Adjectifs et substantifs au masculin et au féminin :

Nasale	Orale		
plein	**plei/ne**	chien	chie/nne
sain	**sai/ne**	pharmacien	pharmacie/nne
moyen	**moye/nne**	opticien	opticie/nne
païen	**païe/nne**	doyen	doye/nne
certain	**certai/ne**	lycéen	lycée/nne
chrétien	**chrétie/nne**	européen	europée/nne
ancien	**ancie/nne**	américain	américai/ne
forain	**forai/ne**	musicien	musicie/nne

ⒺXERCICE 2

Verbes à la troisième personne du singulier et du pluriel :

Nasale	Orale		
il vient	**ils vie/nnent**	le mien	la mie/nne
il survient	**ils survie/nnent**	le tien	la tie/nne
il convient	**ils convie/nnent**	le sien	la sie/nne
il provient	**ils provie/nnent**	les miens	les mie/nnes
il tient	**ils tie/nnent**	les tiens	les tie/nnes
il maintient	**ils maintie/nnent**	les siens	les sie/nnes
il soutient	**ils soutie/nnent**		
il contient	**ils contie/nnent**		

ⓅHRASES

Dans les phrases de cet exercice, il n'y a pas de voyelles nasales.

Jeanne ferme le robinet.

La jeune femme donne une pomme à Jeanne.

J'aime beaucoup la Seine et ses quais.

Ta cousine te téléphone de la Sorbonne.

C'est une forme commode.

Il y a une semaine que Jeanne est là.

Cette dame est née en Bourgogne.

Ils prennent le TGV à neuf heures.

Qu'est-ce que ça donne ?

Est-ce que ça vaut la peine ?

8 Opposition *un / une*

Ⓣ **Type** c'est un ami / c'est une amie

Ⓖ **Groupes linguistiques** tous

➲ *Un* + voyelle / *une* + voyelle

Masculin : *un* / **féminin :** *une*

Quand le mot qui suit commence par une voyelle, le *n* de *un* et le *n* de *une* se prononcent *avec cette voyelle*.

Ainsi le mot *ami* précédé de *un* ou de *une* devient *nami*, dans les deux cas. (Le *n* est prononcé très nettement, il n'y a pas de différence entre *un air* et *un nerf*, dans la prononciation). La seule différence entre le *masculin* et le *féminin* vient de la prononciation des voyelles de *un* et de *une*.

Masculin	*Féminin*
Le *n* fait partie du mot suivant. La voyelle de *un* est « nasale » (l'air passe un peu par le nez en même temps que par la bouche).	Le *n* partie du mot suivant. La voyelle de *une* se prononce comme dans le mot *tu*, elle n'est pas nasale.

Ⓒ **Conseil pratique**

Dans les exercices suivants, faire attention de ne pas raccourcir la voyelle de *un* et de *une*. Elle doit être aussi longue que les autres.

Exemple

C'est un *ami* = 1, 2, 3, 4.
Écouter l'enregistrement et compter sur les doigts pour le rythme.

❷XERCICE 1

U(n)-nami	*U-nami*
C'est *un* ami	**C'est *une* amie**
C'est *un* élève	**C'est *une* élève**
C'est *un* abonné	**C'est *une* abonnée**
C'est *un* imbécile	**C'est *une* imbécile**
C'est *un* artiste	C'est *une* artiste
C'est *un* inconnu	C'est *une* inconnue
C'est *un* occidental	C'est *une* occidentale
C'est *un* enfant	C'est *une* enfant

⊃ Un + consonne / une + consonne

Masculin : u(n) / féminin : une

Même différence que dans le premier cas pour la prononciation des deux voyelles : nasale / non nasale. Mais :
– au masculin le *n* disparaît complètement ;
– au féminin le *n* se prononce nettement.

© Conseil pratique

Au masculin garder la pointe de la langue contre les dents inférieures pour prononcer *un*. Pas de *n* ! Si la consonne suivant est un *t* ou un *d*, bien séparer la voyelle nasale *un* du *t* ou du *d*.

Exemple
u(n) temps, u(n) dimanche.
Écouter l'enregistrement.

⒠XERCICE 2

C'est *un* communiste	**C'est *une* communiste**
C'est *un* monarchiste	**C'est *une* monarchiste**
C'est *un* nationaliste	**C'est *une* nationaliste**
C'est *un* syndicaliste	**C'est *une* syndicaliste**
C'est *un* violoniste	C'est *une* violoniste
C'est *un* pianiste	C'est *une* pianiste
C'est *un* touriste	C'est *une* touriste
C'est *un* cycliste	C'est *une* cycliste
Je l'ai mis dans *un* sac	Donnez-moi *une* boîte de Nescafé
Je l'ai mis dans *un* papier	Donnez-moi *une* bouteille de lait
Je l'ai mis dans *un* tiroir	Donnez-moi *une* partie du travail
Je l'ai mis dans *un* carton	Donnez-moi *une* pièce d'identité
Je l'ai mis dans *un* cendrier	Donnez-moi *une* semaine
Je l'ai mis dans *un* casier	Donnez-moi *une* journée
Je l'ai mis dans *un* livre	Donnez-moi *une* réponse
Je l'ai mis dans *un* coin	Donnez-moi *une* preuve

EXERCICE 3

Un / Une avec des noms différents au masculin et au féminin

La plupart des mots ont un masculin et un féminin qui diffèrent par leur terminaison propre. Mais l'article *un* ou *une* doit suivre les mêmes règles que dans l'exercice précédent. Imiter l'enregistrement pour le changement de la voyelle.

C'est un fermier	**C'est une fermière**	C'est un nageur	C'est une nageuse
C'est un crémier	**C'est une crémière**	C'est un chanteur	C'est une chanteuse
C'est un tapissier	**C'est une tapissière**	C'est un danseur	C'est une danseuse
C'est un pâtissier	**C'est une pâtissière**	C'est un voyageur	C'est une voyageuse
C'est un cuisinier	C'est une cuisinière	C'est un blanchisseur	C'est une blanchisseuse
C'est un charcutier	C'est une charcutière	C'est un menteur	C'est une menteuse
C'est un cordonnier	C'est une cordonnière	C'est un voleur	C'est une voleuse
C'est un meunier	C'est une meunière	C'est un vendeur	C'est une vendeuse

PHRASES

Il y a un monsieur et une dame qui vous attendent.

Sa sœur a un garçon et une fille.

Donnez-moi une carafe d'eau et un comprimé d'aspirine, s'il vous plaît.

Voulez-vous un peu de vin et une brioche ?

Je voudrais une baguette et un croissant, s'il vous plaît.

Avez-vous une gomme et un crayon à me prêter ?

9 Opposition des voyelles nasales

Ⓣ **Type** un bon vin blanc
Ⓖ **Groupes linguistiques** tous

Ⓓ **Définition**

Voir leçon 6, page 23.

Tableau 1
Opposition

Voyelles écartées			Voyelles arrondies		
1	ɛ̃	(vin)	2	œ̃	(un)
		↔			×
3	ɑ̃	(blanc)	4	ɔ̃	(bon)
		↔			×

On peut opposer aussi les voyelles nasales par la position de la langue : antérieure et postérieure.

Tableau 2
Opposition

		Voyelles antérieures			
1	ɛ̃	(vin)	2	œ̃	(un)
		←			←
		Voyelles postérieures			
3	ɑ̃	(blanc)	4	ɔ̃	(bon)
		→			→

Ⓕ **Fautes à éviter**

Ne pas laisser le timbre de la voyelle changer pendant son émission, surtout pour les Polonais, les Portugais et les Brésiliens, mais aussi pour les Latins, les Slaves, les Asiatiques, etc. Pour cela, tenir la voyelle sans changer la position de la langue et des lèvres. La terminer nettement, sans ajouter une consonne nasale.

ⒺXERCICE 1

Travailler avec le miroir :

– A. Les voyelles écartées :

(1) [ɛ̃] (**vin**), langue en avant ←* ;
(3) [ɑ̃] (**blanc**), langue en arrière →.
Écouter l'enregistrement et répéter les deux voyelles : [ɛ̃]… ; [ɑ̃]…

Remarque : Symboles des voyelles nasales : voir p. 23.

---

* Les numéros se rapportent aux tableaux ci-dessus.

– B. Les voyelles arrondies ✕ :
(2) [œ̃] (**un**), langue en avant ← ;
(4) [ɔ̃] (**bon**), langue en arrière →.
Écouter l'enregistrement et répéter les deux voyelles : [œ̃]… ; [ɔ̃]…

– C. Les voyelles antérieures ← :
(1) [ɛ̃] (**vin**), lèvres écartées ↔ ;
(2) [œ̃] (**un**), lèvres arrondies ✕.
Écouter l'enregistrement et répéter les deux voyelles : [ɛ̃]… ; [œ̃]…

– D. Les voyelles postérieures → :
(3) [ɑ̃] (**blanc**), lèvres écartées ↔ ;
(4) [ɔ̃] (**bon**), lèvres arrondies ✕.
Écouter l'enregistrement et répéter les deux voyelles : [ɑ̃]… ; [ɔ̃]…

❸XERCICE 2

L'exercice suivant présente des voyelles nasales finales.
Répéter les mots du tableau suivant dans le sens horizontal, avec le miroir.

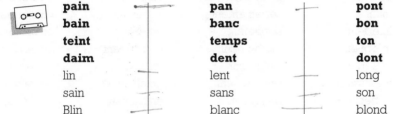

pain	**pan**	**pont**
bain	**banc**	**bon**
teint	**temps**	**ton**
daim	**dent**	**dont**
lin	lent	long
sain	sans	son
Blin	blanc	blond
frein	franc	front

c'est bien	c'est blanc	c'est long
c'est plein	c'est grand	c'est bon
c'est sain	c'est franc	c'est non
c'est le mien	c'est quand ?	c'est rond
c'est fin	c'est dedans	c'est blond

Remarque : La nasale un [œ̃] peut être remplacée par la nasale [ɛ̃], comme dans *vin*.

❸XERCICE 3

Voyelles nasales à l'intérieur d'un mot.
La voyelle nasale doit être nettement séparée de la consonne suivante, le *n* ou le *m* n'étant pas prononcé. Type san/té (Vérifier avec le miroir que la langue n'amorce pas le *n*).

tein/turier	san/té	bon/jour
cin/quième	quan/tité	long/temps
bien/tôt	**en/tier**	**ton/du**
in/direct	**tan/dis**	**con/fier**
in/quiet	ban/quier	son/dage
im/possible	em/porter	tom/ber
sym/pathique	am/plifier	com/bat
sim/plifié	tem/pérature	com/bien

❺XERCICE 4

Voyelles nasales finales suivies d'une consonne prononcée. Type : ban/de.
La consonne finale fait partie de la même syllabe que la voyelle nasale, mais on ne doit pas entendre *n* ou *m* avant la consonne finale, qui doit exploser.

cin/q	**ten/te**	**don/c**
sin/ge	**len/te**	**on/ze**
din/de	**ban/de**	**mon/de**
plain/te	**ban/que**	**gon/fle**
sim/ple	Fran/ce	hon/te
tim/bre	trem/pe	tom/be
crain/te	lam/pe	com/pte

❺XERCICE 5

informer	complètement	en partant	on s'attend
infini	certainement	en dînant	on s'arrange
inférieur	sainement	en disant	on se comprend
infirmier	rapidement	en nageant	on se demande
imparfait	lentement	en lisant	on s'entend
impossible	sincèrement	en chantant	on se détend
imbécile	bêtement	en sachant	on se range

Mangeons-en un	1, 21, 31, 41, 51, 61, 81, 101...
Tendons-en un	5, 15, 25, 35, 45, 55, 65, 75...
Attendons-en un	30, 40, 50, 60, 100, 130, 140, 150...
Descendons-en un	11, 71, 91, 111, 171, 191, 211, 271...
Arrangeons-en un	100, 500, 105, 505, 531, 535, 555, 591...
Plantons-en un	
Rendons-en un	

❺XERCICE 6

On remarquera la phonétique spéciale des adverbes formés sur des adjectifs ou participes terminés par ent[ɑ̃] ou ant[ɑ̃] (qui se prononcent tous deux [ɑ̃]). La finale des adverbes se prononce *amant*, comme le substantif *amant*, quelle que soit leur orthographe (se référer à l'enregistrement).

prudent	**prudemment**	courant	couramment
intelligent	**intelligemment**	notant	notamment
violent	**violemment**	élégant	élégamment

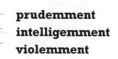

PHRASES

Attendez un instant, s'il vous plaît.

Oh ! je vous demande pardon !

C'est très important.

C'est très fatigant.

C'est bien simple.

J'ai attendu longtemps. *le roi soleil*

C'est impossible !

Sincèrement ?

Il y a des complications sans fin avec l'administration.

Mais non, voyons, ils ont raison !

Je suis très content.

Non, vraiment, je n'ai pas le temps.

Je voudrais un renseignement, s'il vous plaît.

Encore une seconde, s'il vous plaît.

Il n'y avait pas grand monde.

Mais non, voyons !

Tant mieux !

Tant pis !

Pensez-vous !

Mais naturellement !

Sans doute !

C'est long !

Forcément !

Encore !

Tous les combien ?

À dimanche !

10 Pas de liaison avec les voyelles nasales

Ⓣ **Type** Jean a une position unique
Ⓖ **Groupes linguistiques** tous

Ⓓ **Définition**

Si, dans un même groupe d'idées, un mot se termine par une *voyelle* + *n* ou *m* et que le mot suivant commence par une voyelle, le *n* ou le *m* n'est pas prononcé (en général) et il y a un enchaînement vocalique.

Exemple

Jean a une position unique
– le *n* de *Jea*n n'est pas prononcé et la voyelle nasale [â] s'enchaîne avec la voyelle *a* du verbe avoir.
– le *n* de *position* n'est pas prononcé et la voyelle nasale [ô] s'enchaîne avec le *u* de *unique*.

Ⓕ **Fautes à éviter**

La langue ne doit pas monter vers les dents supérieures pour une tentative de *n*. Les lèvres ne doivent pas tendre à se fermer pour une tentative de *m* (à vérifier dans le miroir).

Il ne doit pas y avoir de coupure brusque entre la voyelle nasale et la voyelle suivante. C'est un enchaînement vocalique. (Revoir la leçon 2, p. 12).

ⒺXERCICE

Le matin à neuf heures.

C'est un garçon intelligent.

Jean ira vous chercher à la gare.

Ce vin est délicieux, Madame.

Il y a une organisation admirable.

C'est une occasion unique.

C'est une question indiscrète.

Ah non alors !

Il est sain et sauf.

Selon eux, c'est faux.

Une veste en daim ou en cuir.

Mon pantalon est froissé.

Combien en voulez-vous ?

Je voudrais un bain à sept heures.

J'irai en juin ou en juillet.

Le chien est parti.

J'ai faim et soif.

C'est un parfum agréable.

C'est un marin espagnol.

Un et un deux.

Le mien est perdu.

C'est plein à craquer.

Mon talon est cassé.

Il a un an et demi

Remarque : Il n'y a qu'une seule différence phonétique entre les deux phrases suivantes : « Jean est là » et « J'en ai là ». Dans la première le *n* de *Jean* n'est pas prononcé, on ne fait pas la liaison, mais on fait un enchaînement vocalique. Dans la deuxième le *n* de *j'en* est prononcé, on fait la liaison avec *n*.

11 La liaison avec les voyelles nasales

Ⓣ Type on-attend un-ami

Ⓖ Groupes linguistiques tous

Ⓓ Définition

En général, il n'y a pas de liaison avec les voyelles nasales, comme nous l'avons vu dans la leçon précédente. Cependant, dans un nombre de cas limités et définis le *n* doit être prononcé à l'initiale du mot suivant, si celui-ci commence par une voyelle.

Exemple

On-attend un-ami, doit être prononcé ɔ̃-nattend œ̃-nami.

Ⓕ Fautes à éviter

Le *n* ou le *m* dans ces cas définis ne doit pas être adouci. Il doit être clair, net, aussi fort que s'il était vraiment au commencement du mot suivant.

Exemple

Il n'y a pas de différence phonétique entre *un air* et *un nerf*, qu'on prononce tous deux [œ̃-ner] (la voyelle étant la même).

Ⓔ XERCICE 1

Liaison avec les mots *un, aucun, bien, rien*.

u-*N*ami	**aucu-*N*ami**	**bie-*N*aimé**	**rie-*N*à dire**
u-*N*élève	**aucu-*N*élève**	**bie-*N*entendu**	**rie-*N*à faire**
u-*N*abonné	**aucu-*N*abonné**	**bie-*N*élevé**	**rie-*N*à lire**
u-*N*imbécile	**aucu-*N*imbécile**	**bie-*N*ennuyé**	**rie-*N*à mettre**
u-*N*artiste	aucu-*N*artiste	bie-*N*écrit	rie-*N*en bois
u-*N*inconnu	aucu-*N*inconnu	bie-*N*utile	rie-*N*en pierre
u-*N*Occidental	aucu-*N*Occidental	bie-*N*exécuté	rie-*N*en métal
u-*N*enfant	aucu-*N*enfant	bie-*N*usé	rie-*N*en plastique

Pas de liaison après le mot *un*, accentué :

Il faut en donner un↗ / à Jean

Il faut en prendre un↗ / en-haut

Il faut en commander un↗ / ici

Il faut en trouver un↗ / au moins

Il faut en chercher un↗ / à gauche

Il faut en boire un↗ / et partir

Il faut en manger un↗ / au maximum

Il faut en jouer un↗ / au violon

❷XERCICE 2

Liaison avec le mot *on* (excepté s'il est placé après le verbe) et avec le mot *en* (excepté s'il est placé après le verbe).

O-*N*attend un peu	**Attend-on / un peu ?**
O-*N*espère une occasion	**Espère-t-on / une occasion ?**
O-*N*oublie quelques fois	**Oublie-t-on / en travaillant ?**
O-*N*étudie à la bibliothèque	**Étudie-t-on / à la bibliothèque ?**
O-*N*est allé au cinéma	Les envoie-t-on à Paris ?
O-*N*essaye en France	Essaye-t-on / en France ?
O-*N*utilise une machine	Utilise-t-on / une machine ?
O-*N*écoute en haut	Écoute-t-on / en haut ?

E-*N*effet	**Prenez-en / un peu**
E-*N*arrivant	**Donnez-en / à Jean**
E-*N*écoutant	**Faites-en / avec de la farine**
E-*N*insistant	**Dites-en / en anglais**
E-*N*or	Portez-en / aux chiens
E-*N*argent	Essayez-en / un
E-*N*Italie	Choisissez-en à droite
E-*N*espagne	Jouez-en / ensemble

Remarque : Il n'y a pas de liaison avec *en* dans l'expression : *en haut*.

❸XERCICE 3

Liaison avec les mots *mon, ton, son* :

mon-ami	**ton-orchestre**	**son-estomac**
mon-enfant	**ton-usine**	**son-ouvrier**
mon-avocat	**ton-aventure**	**son-aptitude**
mon-âge	ton-habitude	son-enseignement
mon-espoir	ton-affaire	son-origine
mon-idée	ton-attitude	son-autobus
mon-histoire	ton-examen	son-imagination
mon-essai	ton-invention	son-élève

❹XERCICE 4

Liaison avec le mot *bon* et avec les adjectifs terminés par la voyelle nasale *ɛ̃* : (*certain, plein, moyen...*).

Tous ces adjectifs, lorsqu'ils sont suivis d'un nom commençant par une voyelle, se prononcent de la même façon au masculin et au féminin.

Exemple

Il n'y a pas de différence phonétique entre :
Quel bon élève ! et Quelle bonne élève !

Dans les deux cas, la voyelle de bon et bonne se prononce avec un *o* non nasal et le *n* est prononcé au début du mot suivant.

un bo-**N**ami	une bonne-amie
un bo-**N**avocat	une bonne-avocate
un bo-**N**étudiant	une bonne-étudiante
un bo-**N**élève	une bonne-élève
un bo-**N**époux	une bonne-épouse
un bo-**N**ouvrier	une bonne-ouvrière
un bo-**N**inspecteur	une bonne-inspectrice
un bo-**N**instituteur	une bonne-institutrice
un certai-**N**avocat	une certaine-avocate
un certai-**N**âge	une certaine-agitation
un certai-**N**individu	une certaine-individualité
un certai-**N**acteur	une certaine-actrice
un certai-**N**espoir	une certaine-espérance
un certai-**N**effort	une certaine-efficacité
un certai-**N**amour	une certaine-amitié
un certai-**N**accent	une certaine-assiduité

en plei-**N**air
en plei-**N**effort
un vilai-**N**animal
le Moye-**N**âge
le moye-**N**Orient
le divi-**N**enfant

Remarque : La plupart des adjectifs terminés par une voyelle nasale se placent ordinairement après le nom qu'ils accompagnent. Div*in* est le seul adjectif en *in* qui se prononce *i*-n, dans l'expression *le divin enfant.*

T **Type** probablement / samedi
G **Groupes linguistiques** tous

D Définition

– Si, à l'intérieur d'un groupe, le *e* muet (qui s'écrit *E* ou *e*) est précédé *d'une seule consonne prononcée*, il n'est pas prononcé : *il tombe*.

Exemple
Samedi
Entre le *e* et le *a* de *samedi,* il n'y a qu'une consonne prononcée, le *m*, donc le *e* n'est pas prononcé, *il tombe*. On prononce *samdi*.

– Si le *e* muet est précédé de *deux consonnes prononcées*, il est prononcé, *il reste*.

Exemple
Probablement
Entre le *a* et le *e* de *probablement*, il y a deux consonnes prononcées *b* et *l*, donc le *e* est prononcé, *il reste*. On prononce *probablement*.

A Attention

Si une consonne écrite = une consonne prononcée : e tombe.

      samedi   mademoiselle
        1   1

Si deux consonnes écrites = deux consonnes prononcées : e reste.

    probablement   quatre-vingts
      1 2   1 2

Si deux consonnes écrites = une seule consonne prononcée : e tombe.

    chanterons   acheté
      1   1

Cette loi, valable pour un mot, est aussi valable pour un groupe de mots.

    la petite   une petite
      1   1 2
    la fenêtre   la grande fenêtre
      1   1   2
  chez le docteur   pour le docteur
      1   1 2

Ⓣ **Type** samédi
Ⓖ **Groupes linguistiques** tous

Ⓕ **Fautes à éviter**

Entre les deux consonnes qui se trouvent en contact par suite de la chute du *e* muet, il risque de se glisser un petit *e*.

Ⓒ **Conseil pratique**

Tenir compte de la position de la langue et des lèvres pour les consonnes en contact :

Exemple

Il n'y a pas dé lettre

en même temps
{
– *d* : le bout de la langue s'appuie contre les dents supérieures.
– *l* : le bout de la langue s'appuie contre les dents supérieures.
– : la langue ne doit pas quitter les dents supérieures entre les deux consonnes (à vérifier dans le miroir).
}

Exemple

Samédi

en même temps
{
– *m* : les lèvres sont fermées.
– d : le bout de la langue s'appuie contre les dents supérieures
– : la langue quitte les dents au moment où les lèvres s'ouvrent pour la fin du *m*.
}

Ⓔ XERCICE 1

Il n'y a plus dé thé
Il n'y a plus dé lait
Il n'y a plus dé sel
Il n'y a plus dé poivre
Il n'y a plus dé vin
Il n'y a plus dé bière
Il n'y a plus dé beurre
Il n'y a plus dé sucre

Ça vient dé là
Ça vient dé Chine
Ça vient dé France
Ça vient dé chez moi
Ça vient dé s'ouvrir
Ça vient dé casser
Ça vient dé s'arrêter
Ça vient dé bouillir

Il y a beaucoup dé monde
Il y a beaucoup dé personnel
Il y a beaucoup dé journalistes
Il y a beaucoup dé dactylos
Il y a beaucoup dé porteurs
Il y a beaucoup dé bureaux
Il y a beaucoup dé gens
Il y a beaucoup dé secrétaires

Il y a trop dé monde
Il y a trop dé personnel
Il y a trop dé journalistes
Il y a trop dé dactylos
Il y a trop dé porteurs
Il y a trop dé bureaux
Il y a trop dé gens
Il y a trop dé secrétaires

EXERCICE 2

Chez le docteur	Donnez-moi le verre	**Tout le monde**
Chez le médecin	Donnez-moi le plat	**Tout le collège**
Chez le dentiste	Donnez-moi le couvercle	**Tout le personnel**
Chez le pharmacien	Donnez-moi le couteau	**Tout le secrétariat**
Chez le boucher	Donnez-moi le saladier	**Tout le voisinage**
Chez le boulanger	Donnez-moi le bol	**Tout le service**
Chez le crémier	Donnez-moi le sel	**Tout le laboratoire**
Chez le cordonnier	Donnez-moi le poivre	**Tout le trimestre**

EXERCICE 3

Prenez ce verre-là	**Ça se boit**	Elle va se lever
Prenez ce plat-là	**Ça se dit**	Elle va se laver
Prenez ce couvercle-là	**Ça se fait**	Elle va se coiffer
Prenez ce couteau-là	**Ça se voit**	Elle va se maquiller
Prenez ce saladier-là	**Ça se trouve**	Elle va se préparer
Prenez ce bol-là	**Ça se produit**	Elle va se promener
Prenez ce sel-là	**Ça se rencontre**	Elle va se reposer
Prenez ce poivre-là	**Ça se mange**	Elle va se coucher

EXERCICE 4

À demain	**Complètement**	Il faut que vous partiez
La demande	**Clairement**	Il faut que vous veniez
La fenêtre	**Certainement**	Il faut que vous sachiez
La mesure	**Bêtement**	Il faut que vous chantiez
Un demi	**Rapidement**	Il faut que vous preniez
Un menu	**Lentement**	Il faut que vous disiez
Samedi	**Franchement**	Il faut que vous donniez
Mademoiselle	**Sincèrement**	Il faut que vous répétiez

EXERCICE 5

Je, au commencement d'une phrase, se prononce généralement *j*.

Exemple : *Je vous en prie.*

Avec le miroir : articuler un *j* assez long. Sans interrompre le *j*, mettre en contact la lèvre inférieure avec les dents supérieures pour le *v*.

Exemple : *Je m'habitue.*

Avec le miroir : articuler un *j* assez long. Sans interrompre le *j*, mettre en contact les deux lèvres pour le *m*.

Jǿ vous en prie	Jǿ voudrais dǿ l'eau	Jǿ m'habitue
Jǿ vous assure	Jǿ voudrais dǿ l'argent	Jǿ m'habille
Jǿ vous admire	Jǿ voudrais dǿ l'essence	Jǿ m'imagine
Jǿ vous ai vu	Jǿ voudrais dǿ l'encre	Jǿ m'explique
Jǿ vous entends	Jǿ voudrais dǿ l'huile	Jǿ m'approche
Jǿ vous écoute	Jǿ voudrais dǿ l'orangeade	Jǿ m'ennuie
Jǿ vous attends	Jǿ voudrais dǿ l'aspirine	Jǿ m'étends
Jǿ vous aide	Jǿ voudrais dǿ l'air	Jǿ m'appuie

Quand *Je* est suivi d'un mot commençant par *p, t, c* (+ *a, o, u*), *q* ou *f, s, ch*, il est prononcé comme *ch.*

Jǿ pense	**Jǿ fais dǿ mon mieux**
Jǿ travaille	**Jǿ sais**
Jǿ connais	**Jǿ cherche**
Jǿ quitte	Jǿ change

Phrases

La pǿtite fille a pris lǿ panier dǿ fraises sur ses gǿnoux.

La sǿmaine prochaine, il ira tǿ chercher lǿ soir.

J'ai oublié lǿ trousseau dǿ clés dans lǿ salon dǿ l'hôtel.

Prends cǿ paquet-là et nǿ l'oublie pas dans lǿ taxi.

Samǿdi, la dǿmoiselle décorǿra lǿ magasin dǿ son père.

Jǿ le fais tout de suite avant dǿ partir.

Il faut quǿ j'aille chercher lǿ chien dǿ mon amie dǿ Paris.

14 Le *e* muet se prononce

Ⓣ **Type** probablement
Ⓖ **Groupes linguistiques** tous

Ⓕ Fautes à éviter

– Que le *e* muet soit trop court. Le *e* muet, s'il est prononcé, est aussi long que les autres voyelles.

Exemple
Probablement
   1 2   3   4

– Que le *e* muet ne soit pas assez arrondi.

Ⓒ Conseils pratiques

Compter sur les doigts pour le rythme : le *e* muet prononcé a la même longueur que les autres voyelles.

Le *e* muet est une voyelle arrondie ; on le prononce en arrondissant les lèvres comme pour siffler. Le contrôler dans le miroir.

Ⓔ XERCICE 1

Il doit être fait en comptant le nombre de syllabes inscrites au-dessus de chaque exemple et en répétant avec l'enregistrement.

	5 syllabes	*5 syllabes*
	Qu'est-ce que vous voulez ?	**Est-ce que vous partez ?**
	Qu'est-ce que vous mangez ?	**Est-ce que vous dormez ?**
	Qu'est-ce que vous pensez ?	**Est-ce que vous savez ?**
	Qu'est-ce que vous cherchez ?	**Est-ce que vous sortez ?**
	Qu'est-ce que vous demandez ?	Est-ce que vous trouvez ?
	Qu'est-ce que vous buvez ?	Est-ce que vous lisez ?
	Qu'est-ce que vous avez ?	Est-ce que vous dansez ?
	Qu'est-ce que vous prenez ?	Est-ce que vous cherchez ?

	3 syllabes	*3 syllabes*
	Il le sait	Ils le savent
	Il le fait	Ils le font
	Il le voit	Ils le voient
	Il le demande	Ils le demandent
	Il le chante	Ils le chantent
	Il le prend	Ils le prennent
	Il le mange	Ils le mangent
	Il le donne	Ils le donnent

ⓔXERCICE 2

Dans les exercices suivants, les exemples n'ont pas tous le même nombre de syllabes. Il faut cependant que le e muet soit de la même longueur que les autres voyelles. Attention à bien arrondir les lèvres pour le e muet.

Avec le stylo	**Sur le tabouret**
Avec le crayon	**Sur le siège**
Avec le canif	**Sur le front**
Avec le pinceau	**Sur le toit**
Avec le tire-ligne	Sur le radiateur
Avec le fichier	Sur le piano
Avec le classeur	Sur le fauteuil
Avec le pèse-lettres	Sur le lit

Par le train	Le hongrois	Pour le docteur	**Rattrape le facteur**
Par le métro	Le haut	Pour le professeur	**Arrête le bus**
Par le boulevard	Le havre	Pour le directeur	**Arrange le bouquet**
Par le jardin	Le héros	Pour le coiffeur	**Appelle le garçon**
Par le parc	Le hangar	Pour le chauffeur	**Ferme le frigidaire**
Par le tunnel	Le hors-d'œuvre	Pour le vendeur	**Rapporte le pain**
Par le souterrain	Le hameau	Pour le facteur	**Donne le pourboire**
Par le viaduc	Le hall	Pour le consommateur	**Laisse le chien**

Elle ne sait rien	Une demande	Il me taquinait
Elle ne voit rien	Une fenêtre	Il me parlait
Elle ne dit rien	Une mesure	Il me dérangeait
Elle ne fait rien	Une demie	Il me racontait
Elle ne prend rien	Onze petites filles	Il me connaissait
Elle ne mange rien	L'appartement	Il me vexait
Elle ne donne rien	Le gouvernement	Il me guettait
Elle ne cherche rien	Au bord de la mer	Il me voyait

ⓟHRASES

Vérifier l'arrondissement des lèvres avec le miroir.

Qu'est-ce que c'est que ça ?

Est-ce que vous m'entendez ?

C'est une petite fenêtre qui donne sur le parc de la mairie.

Prenez-la mercredi ou vendredi à partir de dix heures.

Pose le bac de fleurs sur le bord de la terrasse.

Est-ce que leur gouvernement donne de l'argent pour ce service ?

Il faut un appartement pour le parlementaire de Norvège.

Qu'est-ce que vous dites de cette petite remarque ?

Qu'est-ce que vous en pensez ?

(T) **Type** je ne sais pas
(G) **Groupes linguistiques** tous

(D) Définition

Certains groupes ne suivent pas la loi du *e* muet. Ils ne changent jamais, quel que soit leur entourage phonétique. Ils sont *figés*.

(C) Conseils pratiques

Le *e* est de la même longueur que les autres voyelles, attention au rythme.
Le *e* se prononce en arrondissant les lèvres (le vérifier au miroir).

(E)XERCICE 1

3 syllabes	*3 syllabes*
Je ne̸ sais pas	**Je le̸ sais bien**
Je ne̸ veux pas	**Je le̸ vois bien**
Je ne̸ crois pas	**Je le̸ fais bien**
Je ne̸ pense pas	**Je le̸ dis bien**
Je ne̸ l'ai pas	Je le̸ chante bien
Je ne̸ trouve pas	Je le̸ mange bien
Je ne̸ dors pas	Je le̸ bois bien
Je ne̸ mange pas	Je le̸ sens bien

3 syllabes	*3 syllabes*
Je̸ me levais	Je̸ **te** connais
Je̸ me lavais	Je̸ **te** prépare
Je̸ me peignais	Je̸ **te** commande
Je̸ me rasais	Je̸ **te** précise
Je̸ me taisais	Je̸ **te** répète
Je̸ me cachais	Je̸ **te** raconte
Je̸ me poussais	Je̸ **te** présente
Je̸ me fâchais	Je̸ **te** promets

Remarque : Les groupes « je me » et « je le » peuvent être prononcés en supprimant l'un ou l'autre des *e* muets.

EXERCICE 2

3 syllabes	*6 syllabes*
C'est cø que jø veux	C'est cø que mø disait Martine
C'est cø que jø fais	C'est cø que mø proposait Paule
C'est cø que jø dis	C'est cø que mø rappølait Brigitte
C'est cø que jø pense	C'est cø que mø demandait Claire
C'est cø que jø vois	C'est cø que mø suggérait Paul
C'est cø que jø prends	C'est cø que mø donnait André
C'est cø que jø chante	C'est cø que mø racontait Jean
C'est cø que jø donne	C'est cø que mø répondait Pierre

Cø que lø ciel est bleu !	Cø que cø roman est bête !
Cø que lø vent est froid !	Cø que cø film est triste !
Cø que lø temps est gris !	Cø que cø ton-là vous va bien !
Cø que lø soleil est chaud !	Cø que cø vin est fort !
Cø que c'est joli !	Cø que cø café sent bon !
Cø que c'est beau !	Cø que cø bébé est mignon !
Cø que c'est grand !	Cø que cø gâteau est beau !
Cø que c'est triste !	Cø que cø garçon est sot !

EXERCICE 3

Jø suis certain de nø pas lø voir
Jø suis certaine de nø pas lø faire
Jø suis certain de nø pas lø mettre
Jø suis certaine de nø pas lø dire
Jø suis certain de nø pas lø rencontrer
Jø suis certain de nø pas lø gêner
Jø suis certain de nø pas lø regretter
Jø suis certain de nø pas lø demander

16 *a* inaccentué

T **Type** j'ai mal à la tête

G **Groupes linguistiques** Anglo-saxons – Turcs – Iraniens – Pakistanais – Indiens

D **Définition**

Le *a* inaccentué est un *a* qui ne se trouve pas à la fin d'un groupe. Il doit être de la même longueur que les autres voyelles.

Exemple

J'ai mal à la tête.
1   2 3 4   5

F **Fautes à éviter**

– Que le *a* inaccentué soit plus court que les autres voyelles ;
– Qu'il soit différent des *a* accentués. Il doit avoir le même timbre.

C **Conseils**

Compter sur les doigts pour le rythme. Le *a* inaccentué doit avoir la même longueur que les autres voyelles.

Le *a* est une voyelle prononcée avec le dos de la langue presque à plat et les lèvres légèrement écartées.

R **Remarque**

Ces exercices sont valables aussi pour la qualité du *a*, qui ne doit pas être articulé avec la langue trop en arrière (voir figure). Les Turcs, les Iraniens, les Pakistanais et les Indiens doivent le travailler particulièrement de ce point de vue, en imitant l'enregistrement.

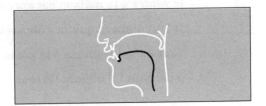

E **XERCICE 1**

5 syllabes	*5 syllabes*	*5 syllabes*
J'ai mal à *la* tête	**Il est à *la* plage**	Il part **a**vant moi
J'ai mal à *la* joue	**Il est à *la* chasse**	Il part **a**vant toi
J'ai mal à *la* lèvre	**Il est à *la* table**	Il part **a**vant lui
J'ai mal à *la* gorge	**Il est à *la* gare**	Il part **a**vant elle
J'ai mal à *la* main	**Il est à *la* barre**	Il part **a**vant nous
J'ai mal à *la* hanche	**Il est à *la* rade**	Il part **a**vant vous
J'ai mal à *la* jambe	**Il est à *la* cave**	Il part **a**vant eux
J'ai mal à *la* cheville	**Il est à *la* page**	Il part **a**vant elles

5 syllabes	7 et 8 syllabes
Il va avoir faim	Il ira avec sa mère
Il va avoir soif	Il ira avec sa sœur
Il va avoir chaud	Il ira avec sa fille
Il va avoir froid	Il ira avec sa tante
Il va avoir tort	Il ira avec sa cousine
Il va avoir peur	Il ira avec sa belle-sœur
Il va avoir honte	Il ira avec sa grand-mère
Il va avoir mal	Il ira avec sa voisine

PHRASES

Marquer le rythme.

Ah ! ça c'est bête alors !

Pétit à pétit il a pris l'habitude d'arriver à l'heure.

Allez chercher vos bagages à la gare en taxi.

C'est tout à fait facile à trouver.

Je vais aller prendre un café avec un dé mes amis.

Où y a-t-il un bureau dé tabac, s'il vous plaît ?

Je rentre à la maison cet après-midi vers quatre heures et démie.

Il faut d'abord que tu ailles retenir les places.

Tout à l'heure, il ira à la poste.

À démain ! À bientôt ! À tout à l'heure !

17 Opposition *e* muet / *a* non final

Ⓓ Définition

Le *e* muet est une voyelle écrite *e*, comme dans *le*, qu'on supprime quelquefois.

Le *a* non final, comme dans *la mode* ou *avec*, est prononcé de la même manière que lorsqu'il est final, comme dans *prends-la*, et il n'est jamais supprimé.

Ⓕ Fautes à éviter

Lorsque ces deux voyelles *e* et *a* ne sont pas finales, elles sont souvent confondues par les étrangers. Cette faute est grave : elle entraîne la confusion entre les articles masculin et féminin *le / la*, ainsi que celle des mêmes pronoms et des confusions entre *me / m'a, te / t'a* et *le / l'a*.

Ⓒ Conseils pratiques

Pour éviter ces fautes, il faut faire attention à deux choses essentielles.

– **la longueur :** ces voyelles ont strictement la même longueur que toute autre voyelle.

Exemple

Il est avec le garçon   Il est avec la fillette.
1 2 3 4 5 6 7   1 2 3   4 5 6 7

– **l'articulation :** ces deux voyelles sont articulées aussi nettement que les autres. Pour le *e* les lèvres sont *arrondies*. Pour le *a* elle ont une position *normale*, plutôt écartées.

ⒺXERCICE 1

Éviter, en faisant les exercices suivants sur les oppositions *e muet / a non final*, de trop insister sur ces voyelles, et de leur donner un accent de force qu'elles n'ont pas. Se reporter à l'enregistrement.

Écouter l'enregistrement et répéter en rythmant et en comptant sur les doigts.

Sur le toit.   *Sur la table.*
 1 2 3   1 2 3

Contrôler l'égalité des syllabes.

Vérifier l'arrondissement des lèvres pour le *e muet* prononcé avec un miroir.

Remarque : Dans les exercices suivants, le *e* muet est prononcé, les oppositions masculin / féminin ont la même longueur. Les oppositions verbales ont aussi la même longueur.

---

3 syllabes

par le train	**par la gare**	avec le chien	avec la chienne
par le chemin	**par la route**	avec le chat	avec la chatte
par le porche	**par la porte**	avec le père	avec la mère
par le haut	**par la cave**	avec le fils	avec la fille
par le mur	**par la place**	avec le fil	avec la laine
par le camp	**par la tente**	avec le châle	avec la robe
par le champ	**par la haie**	avec le livre	avec la gomme
par le toit	**par la fenêtre**	avec le sac	avec la hotte

4 syllabes

pour le garçon	pour la serveuse
pour le dentiste	pour la dentiste
pour le danseur	pour la danseuse
pour le facteur	pour la factrice
pour le marchand	pour la marchande
pour le caissier	pour la caissière
pour le boucher	pour la bouchère
pour le chimiste	pour la chimiste

3 syllabes

sur le mur	sur la place	Il le voit	Il la voit
sur le toit	sur la fenêtre	Il le sait	Il la sait
sur le dos	sur la tête	Il le fait	Il la fait
sur le fleuve	sur la mer	Il le prend	Il la prend
sur le châle	sur la robe	Il le chante	Il la chante
sur le lit	sur la table	Il le dit	Il la dit
sur le plat	sur la nappe	Il le donne	Il la donne
sur le pouf	sur la chaise	Il le laisse	Il la laisse

3 syllabes

Ils *se* battent	Ils s'*a*battent	Il le dit	Il l'*a* dit
Ils *se* vouent	Ils s'*a*vouent	Il le fait	Il l'*a* fait
Ils *se* tirent	Ils s'*a*ttirent	Il le voit	Il l'*a* vu
Ils *se* pèlent	Ils s'*a*ppellent	Il le croit	Il l'*a* cru
Ils *se* lient	Ils s'*a*llient	Il le prend	Il l'*a* pris
Ils *se* baissent	Ils s'*a*baissent	Il le plaint	Il l'*a* plaint
Ils *se* quittent	Ils s'*a*cquittent	Il le met	Il l'*a* mis
Ils *se* gîtent	Ils s'*a*gitent	Il le lit	Il l'*a* lu

Remarque : Ce dernier exercice peut être fait avec *me/m'a* et *te/t'a*.

❷XERCICE 2

Alternance de rythme : *e* muet supprimé / *a* non final prononcé.
Type : chez l*e* boucher / chez la bouchère

Remarque : Bien noter la suppression du *e* muet. Tous les exemples au masculin sont plus courts d'une syllabe que l'exemple féminin correspondant. Les oppositions verbales ont aussi une alternance rythmique.

2 syllabes	*3 syllabes*	*2 syllabes*	*3 syllabes*
dans le champ	**dans la ferme**	et le chien	et la chienne
dans le plat	**dans la tasse**	et le chat	et la chatte
dans le train	**dans la gare**	et le fils	et la fille
dans le sac	**dans la poche**	et le frère	et la sœur
dans le cœur	**dans la tête**	et le père	et la mère
dans le lit	**dans la chambre**	et le vieux	et la vieille
dans le fleuve	**dans la mer**	et le jour	et la nuit
dans le bar	**dans la salle**	et le lis	et la rose

2 syllabes	*3 syllabes*
chez le garçon	chez la serveuse
chez le coiffeur	chez la coiffeuse
chez le dentiste	chez la dentiste
chez le facteur	chez la factrice
chez le marchand	chez la marchande
chez le boucher	chez la bouchère
chez le crémier	chez la crémière
chez le vendeur	chez la vendeuse

2 syllabes	*3 syllabes*	*2 syllabes*	*3 syllabes*
ni le chien	ni la chienne	on te dit	on t'a dit
ni le chat	ni la chatte	on te fait	on t'a fait
ni le fils	ni la fille	on te voit	on t'a vu
ni le frère	ni la sœur	on te croit	on t'a cru
ni le père	ni la mère	on te prend	on t'a pris
ni le vieux	ni la vieille	on te plaint	on t'a plaint
ni le jour	ni la nuit	on te met	on t'a mis
ni le lis	ni la rose	on te lit	on t'a lu

18 Mots terminés par *consonne* + *r* ou *l* + *e* muet

Ⓣ **Type** mon oncle
Ⓖ **Groupes linguistiques** tous

➲ **Le mot terminé par consonne + r ou l + e est final de groupe**

Le *e* final tombe et le *r* ou le *l* est chuchoté, c'est-à-dire prononcé à voix basse*.

Exemple
C'est mon oncl(e).

Ⓕ **Fautes à éviter**

Ne pas dire un petit *e* à la fin.

Ⓒ **Conseil**

Arrêter la voix nettement sur la dernière consonne, en la disant à voix basse.

Ⓔ XERCICE 1

C'est mon oncl. e
Il ronfl. e
C'est du sabl. e
Sur la tabl. e
Ça enfl. e
Ça souffl. e

Il y a trois kilomètr. e s
Il y en a quatr. e
C'est un autr. e
Jé vais répondr. e
Il faut lé mettr. e
Je vais attendr. e

➲ **Le mot terminé par consonne + r ou l + e est á l'intérieur d'un groupe**

A – Il est suivi d'une voyelle

Le *e* tombe et les deux consonnes finales deviennent initiales du mot suivant, selon la loi de l'enchaînement consonantique (voir leçon 1, p. 8).

Exemple
C'est mon oncle Édouard
se prononce : *C'est-mo-non-clédouard.*

Ⓒ **Conseil pratique**

Monter sur la dernière syllabe avant le groupe : *consonne* + *r* ou *l*, et descendre sur la première syllabe du mot suivant.

Exemple →~→
C'est-mo-non-clédouard

---

* Le *r* et le *l* chuchotés seront marqués d'un point au pied à droite de la lettre. Exemple : oncl. e, maîtr. e.

EXERCICE 2

Imiter aussi fidèlement que possible la mélodie des deux syllabes enchaînées.

C'est mon oncle Édouard

Il ronfle un peu

C'est du sable et des cailloux

Elle est souple et gracieuse

Sur la table en bois

Ça enfle un peu

Ça gonfle à la chaleur

Ça souffle encore

Il y a trois kilomètres à faire

Il y a quatre enfants

C'est un autre étudiant

En octobre au plus tard

Je vais répondre au téléphone

Il faut le mettre à jour

Entre au salon

Je vais attendre en haut

B – Il est suivi d'une consonne

a) si c'est une *consonne + l + e*, le *e* reste. Il est prononcé sur un ton beaucoup plus bas que la voyelle précédente qui, elle, monte.

Exemple : *C'est mon oncle Pierre.*

La voix monte sur le *on* de *oncle*, et elle descend sur le *e* final de *oncle*, qui est prononcé avec les deux consonnes qui le précèdent.

C'est-mo-non-cle Pierre.

© Conseil

Dire la syllabe : *consonne + l + e* très bas et assez courte.

EXERCICE 3

C'est mon oncle Pierre

Il ronfle fort

C'est du sable blanc

Sur la table du salon

Ça enfle toujours

Ça gonfle beaucoup

Si c'est : *consonne + r + e*, il y a deux traitements possibles :

– **style soigné** : le *e* final est prononcé avec le groupe *consonne + r*, sur un ton plus bas, comme dans l'exercice précédent avec le *l*.

Exemple

Il y a trois kilomè-tres par le raccourci.

– **style familier** (qui n'est pas vulgaire) : le *e* final n'est pas prononcé, et le *r* n'est pas prononcé non plus.

Exemple

Il y a trois kilomèt-par le raccourci.

L'exercice suivant présente les mêmes exemples, dits des deux façons différentes. Se référer à l'enregistrement.

Style soigné	*Style familier*
Il y a trois kilomètres par le raccourci	Il y a trois kilomèt-par le raccourci
Il y a quatre portes	Il y a quat-portes
C'est un autre professeur	C'est un aut-professeur
En octobre si vous voulez	En octob-si vous voulez
Je vais répondre tout de suite	Jø vais répond-tout de suite
Il faut lø mettre demain	Il faut lø mett-demain
Entre dans lø salon	Ent-dans lø salon
Jø vais attendre là-bas	Jø vais attend-là-bas

⒠XERCICE 4

Le *e* muet peut être tonique : dans le pronom *le*, et quel que soit son entourage phonétique, il est toujours prononcé.

S'il n'est pas final de phrase, il monte ; s'il est final, il descend.

© Conseils pratiques

Le *e* est aussi long que les autres voyelles. Le *e* se prononce en arrondissant les lèvres (travailler avec le miroir et l'enregistrement).

À l'intérieur	*À la fin*
Dis-le à ta mère	Dis-le
Fais-le avant de partir	Fais-le
Prends-le si tu veux	Prends-le
Donne-le-moi	Donne-le
Sors-le maintenant	Sors-le
Chante-le pour elle	Chante-le
Danse-le avec lui	Danse-le
Bois-le avant lø repas	Bois-le
Mange-le vite	Mange-le
Lis-le cet après-midi	Lis-le

Ⓣ **Type** oui / huit
Ⓖ **Groupes linguistiques** tous

Ⓓ **Définition**

Les deux sons *oué* et *ué* sont prononcés respectivement avec la même position des lèvres et de la langue que *ou* et *u*, mais ils sont toujours suivis d'une voyelle avec laquelle ils sont prononcés en une seule syllabe.

Exemple

Oui	Huit
1	2

Oui	Huit
– Les lèvres sont arrondies (vérifier avec le miroir). ✗	– Les lèvres sont arrondies (vérifier avec le miroir). ✗
– La langue est en arrière (comme pour *ou*). →	– La langue est en avant (comme pour *u*). ←

Entre *oué* et *ué* et la voyelle qui suit, les lèvres doivent se contracter plus fortement (à vérifier avec le miroir).

Lorsqu'on prolonge ces deux sons, on entend à la fois les vibrations des cordes vocales (comme lorsqu'on prolonge une voyelle) et le bruit du passage de l'air entre les lèvres (comme lorsqu'on prolonge une consonne du type : *s*).

Ⓕ **Fautes à éviter et conseils pratiques**

Les fautes sont différentes selon les groupes linguistiques.

Pour les Anglo-Saxons, les Slaves, les Arabes : le *ué* est généralement prononcé comme *oué*.

Oui se prononce à peu près comme le mot anglais *we*. À partir de là, prononcer *huit*, en gardant la même position des lèvres que pour *we*, mais en avançant considérablement la langue, comme pour *u*, ou comme pour siffler.

Il peut arriver aussi qu'un *oué* se fasse entendre entre le *ué* bien prononcé et la voyelle qui suit. Pour *huit*, on entend *hu-ouit*. Il faut bien contrôler la position de la langue qui ne doit pas reculer.

Pour les Germaniques, les Scandinaves, les Turcs, les Océaniens, les Birmans, les Afghans :

– Le *oué* est souvent prononcé en deux syllabes, comme *o-e*.

Il faut reculer la langue au fond de la bouche, dans la position du *ou*, et pour n'en faire qu'une syllabe, il faut, immédiatement avant la voyelle, faire une pression plus grande avec l'arrondissement des lèvres (à vérifier à l'aide du miroir).

– La lèvre inférieure est souvent en contact avec les dents supérieures pour commencer le *oué* (on entend *voui* au lieu de *oui* et *vit* au lieu de *huit*). Cela ne doit pas être : vérifier à l'aide du miroir que la lèvre inférieure ne touche pas les dents supérieures.

– Quelquefois, dans l'articulation du *ué*, il se produit un petit *i* entre le *ué* et la voyelle suivante, et on entend par exemple *tu-ié* au lieu de *tué*. Le dos de la langue ne doit pas monter se coller en haut du palais.

Pour les Asiatiques (Thaïlandais, Indochinois, Japonais, Coréens, Chinois) et pour beaucoup d'Africains : la voyelle qui suit le *oué* et le *ué* est en général trop courte. Par exemple pour huit, on entend *HuiT*, alors qu'on devrait entendre plutôt *HuIIIT*. Il faut tenir la voyelle plus longtemps.

❸XERCICE 1

Opposition *oué / ué*.

Oui	**Huit**
Louis	**Lui**
Nouée	**Nuée**
Bouée	**Buée**
Rouée	**Ruée**
Loueur	**Lueur**
Enfouir	**Enfuir**
lèvres arrondies ✕	*lèvres arrondies* ✕
langue en arrière →	*langue en avant* ←

❸XERCICE 2

Je suis étudiant	**C'est lui qui parle**	J'ai huit ans
Je suis chimiste	**C'est lui qui écrit**	J'ai dix-huit ans
Je suis pianiste	**C'est lui qui dicte**	J'ai vingt-huit ans
Je suis dentiste	**C'est lui qui chante**	J'ai trente-huit ans
Je suis Français	C'est lui qui décide	J'ai quarante-huit ans
Je suis Japonais	C'est lui qui achète	J'ai cinquante-huit ans
Je suis Suisse	C'est lui qui travaille	J'ai soixante-huit ans
Je suis Suédois	C'est lui qui voyage	J'ai soixante-dix-huit ans

❸XERCICE 3

Il faudrait qu'il puisse partir	Je suis ici depuis deux jours
Il faudrait qu'il puisse finir	Je suis ici depuis huit jours
Il faudrait qu'il puisse venir	Je suis ici depuis quinze jours
Il faudrait qu'il puisse sortir	Je suis ici depuis mardi
Il faudrait qu'il puisse dormir	Je suis ici depuis janvier
Il faudrait qu'il puisse conduire	Je suis ici depuis l'hiver
Il faudrait qu'il puisse écrire	Je suis ici depuis l'été
Il faudrait qu'il puisse courir	Je suis ici depuis l'automne

EXERCICE 4

Attention au *r*.

froid	**fois**
proie	**poids**
broie	**bois**
droit	**doigt**
trois	toi
croix	quoi
le roi	loi

EXERCICE 5

On ne doit entendre ni *V* ni un *F* entre la consonne et le OUÉ ou le UÉ ; contrôler au miroir.

poids	**bois**	soi	des oies
poil	**boîte**	soie	des zouaves
poêle	**bouée**	soir	des oiseaux
poire	**boisé**	soin	des ouailles
point	**boiserie**	soigner	
pointu	**boiteux**	soixante	

EXERCICE 6

Le *V* et le *F* doivent être bien prononcés avec la lèvre inférieure contre les dents supérieures ; à vérifier avec le miroir.

fois	**voix**	foire	voiture
foi	**voile**	foin	vouer
foie	**voisin**	fouet	voilette

PHRASES SPÉCIALES POUR GERMANIQUES ET SCANDINAVES

Mes voisins sont revenus de la foire en voiture.
La voilette est dans une boîte en bois.
Quelquefois, dans l'ouest, on boit du jus de poires.
Il faut beaucoup de soins pour ces soixante oies.
Je dois acheter de la soie pour me faire une robe du soir.

PHRASES

Je suis ici depuis huit jours.

Un bifteck bien cuit, s'il vous plaît.

Deux petits suisses, s'il vous plaît.

Un peu d'huile, s'il vous plaît.

Essuyez-vous les mains.

Je suis ennuyé.

J'ai appuyé sur la sonnette.

J'ai vu les actualités.

J'en suis persuadé.

Suivez-moi par ici.

Il s'est tué en voiture.

J'irai en Suède en juin.

J'irai en Suisse en juillet.

Il faut s'y habituer.

Et la suite ?

Je me suis piqué avec une aiguille.

Ils ont distribué des tracts.

Prenez une cuiller pour remuer votre café.

J'aime bien la cuisine chinoise.

Il a été blessé à la cuisse.

Il s'est ruiné dans des mines de cuivre.

Il y a des truites dans le ruisseau.

J'aime bien la pluie.

Le tuyau est crevé.

Quelle tuile !

Ⓓ Définition

Le YOD se prononce à peu près comme le *i*, mais il est toujours *suivi* ou *précédé* d'une voyelle, et il s'articule avec la langue plus fortement appuyée contre le palais que pour le *i*.

Ⓕ Fautes à éviter et conseils pratiques

Les fautes sont différentes selon les groupes linguistiques.

Pour les Anglophones : il y a trois façons différentes de prononcer un YOD en anglais, selon sa position dans le mot :
– à l'initiale, comme dans *yes* ;
– au milieu, comme dans *voyage* ;
– à la fin, comme dans *boy*.

En français, quelle que soit sa place, le YOD se prononce toujours comme celui de *yes* :
– à l'initiale : *hier* ;
– au milieu : *voyage* ;
– à la fin : *fille*.

Pour les Germaniques, les Scandinaves : le YOD final entraîne un changement dans le timbre de la voyelle qui précède. Faire une voyelle sans en changer le timbre, c'est-à-dire, sans changer la position de la langue et des lèvres.

Pour les Asiatiques et les Africains : la voyelle qui suit le YOD est souvent trop courte. Pour *CIEL* par exemple, on entend *CieL*, alors qu'on devrait entendre plutôt *CIEEEEL*.

Pour les Hispanophones et les Japonais : selon le pays ou la région, ils peuvent confondre le YOD et J, par exemple dans : *les jette / layette*.

En tenant compte de toutes ces fautes à éviter, selon les groupes linguistiques et les conseils pratiques, faire les exercices suivants avec le miroir et l'enregistrement.

Ⓔ XERCICE 1

Pour tous les groupes linguistiques, sauf pour les Hispanophones et les Japonais, qui trouveront des exercices spéciaux à la page 60.

YOD initial / YOD intervocalique.

hier	billet	yoyo	voyage
y a-t-il	payé	ion	bailler
hiatus	merveilleux	yaourt	mouillé

Le YOD final doit être articulé avec les lèvres dans la position qu'elles occupent pour la voyelle qui le précède.

Exemples

– *fille* : le YOD de *fille* s'articule avec les lèvres écartées, comme pour I.

– *paille* : le YOD de *paille* s'articule avec les lèvres un peu plus ouvertes et légèrement écartées, comme pour A.

– *fouille* : le YOD de *fouille* s'articule avec les lèvres très fortement arrondies, comme pour OU.

fille
bille ⎫ Lèvres écartées ←→
quille ⎭

taille
maille ⎫ Lèvres entrouvertes ⊂
paille ⎭

soleil
merveille ⎫ lèvres écartées ←→
pareil ⎭

nouille
fouille ⎫ lèvres très arrondies ✕
houille ⎭

Remarque : Quand le YOD précède la voyelle *eu*, il arrive que ce *eu* devienne *o*. Pour éviter cela, on divisera un mot comme *feuille* en deux syllabes *feu-ille* ; la seconde devra être prononcée comme si elle commençait par un YOD suivi d'un très petit *e* muet.

lèvres arrondies

seuil **œil** **Auteuil** **cueille** **feuille**

ⒺXERCICES SPÉCIAUX POUR LES HISPANOPHONES ET LES JAPONAIS

Qui confondent souvent le YOD, comme dans *merveilleux*, et *j*, comme dans *je* ou *Genève*.

Différences entre le *YOD* et *J*, ou *G* + (*e* ou *i*)

YOD (l'ayez)

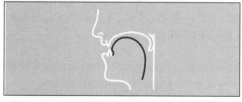

J, ou *G* + (*e* ou *i*) (léger)

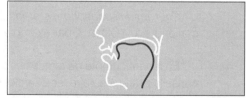

– les mâchoires sont entrouvertes
– les lèvres sont écartées
– la pointe de la langue est en bas (comme pour I)
– le dos de la langue est largement en contact avec le palais.

– les mâchoires sont fermées
– les lèvres sont arrondies
– la pointe de la langue est en haut (comme pour Z, mais un peu plus en arrière)
– le dos de la langue n'est en contact avec le palais que sur les côtés et non au milieu.

ⒺXERCICE 2

Travailler avec le miroir.

j'ai	**hier**	fige	fille
âgé	**aillé**	beige	abeille
léger	**l'ayez**	neige	soleil
pigeons	**pillons**	que sais-je	merveille
les jeux	**les yeux**	cage	caille
P. G.	payer	page	paille
ma jeunesse	mayonnaise	âge	aille, ail
agir	faillir	bouge	houille
les jette	layette	rouge	rouille

⒫HRASES

Valables pour tous les groupes linguistiques.

Jǿ voyage tous les jeudis.

Jǿ suis allé à Versailles en janvier.

Ce voyage est merveilleux.

Il faut quǿ j'aille payer mon garage.

Jojo joue au yoyo.

La concierge m'a envoyé mon courrier.

On fait la mayonnaise avec un jaune d'œuf.

Jǿ crois quǿ j'ai quelque chose dans l'œil.

J'ai pris un billet pour aller voir « Le Bourgeois Gentilhomme ».

J'ai bâillé toute la journée, j'ai sommeil.

J'ai failli mǿ faire piquer par une abeille.

Asseyez-vous dans cǿ fauteuil.

J'ai mangé des nouilles au fromage.

J'ai veillé tard hier soir parcǿ que j'avais du travail.

21 Opposition *s* / *z*

(T) **Type** dessert / désert

(G) **Groupes linguistiques** Hispanophones – Germaniques – Scandinaves – Chinois – Thaïlandais – Birmans

(D) Définition

Caractères communs à *s* et *z* :
- Les mâchoires sont fermées.
- Les lèvres sont écartées.
- La pointe de la langue est en bas, contre les dents inférieures.
- s et z peuvent durer, on entend le passage de l'air entre la langue et les dents.

Différences entre *z* et *s* :

– *s* est une consonne sourde, les cordes vocales ne vibrent pas. On n'entend que le bruit du passage de l'air.

– *z* est une consonne sonore, les cordes vocales vibrent. On entend le bruit du passage de l'air et aussi les vibrations des cordes vocales.

(F) Fautes à éviter

La confusion entre les deux consonnes *s* et *z*.

(C) Conseil pratique

Mettre les doigts contre la pomme d'Adam pour sentir les vibrations de *z*.

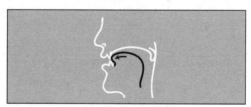

(E)XERCICE 1

Dans cet exercice, les mots ne s'opposent que par les consonnes *s* et *z*.

nous **s**avons	nous avons	ca**ss**e	ca**s**e
de**ss**ert	dé**s**ert	ba**ss**e	ba**s**e
poi**ss**on	poi**s**on	hau**ss**e	o**s**e
cou**ss**in	cou**s**in	fa**ss**e	pha**s**e
deux **s**œurs	deux heures	di**x**	di**s**e
a**ss**is	**A**sie	cui**ss**e	cui**s**e
les cieux	les yeux	bi**s**	bi**s**e
a**ss**ure	a**z**ur	chau**ss**e	cho**s**e
ra**c**é	ra**s**é	dou**c**e	dou**z**e
hau**ss**ons	o**s**ons	ce**ss**e	sei**z**e

62

ⓔXERCICE 2

La seule différence entre les deux auxiliaires avoir et être, à la troisième personne du pluriel, est entre *s* et *z*.

Ils sont fatigués	**Ils ont faim**
Ils sont partis	**Ils ont soif**
Ils sont malades	**Ils ont sommeil**
Ils sont contents	**Ils ont peur**
Ils sont arrivés	Ils ont raison
Ils sont là	Ils ont tort
Ils sont dehors	Ils ont chaud

ⓔXERCICE 3

Les verbes à la forme pronominale et à la forme active ne s'opposent que par les consonnes *s* et *z* à la 3ᵉ personne du pluriel.

s	*z*
Ils s'aiment	**Ils aiment**
Ils s'habituent	**Ils habituent**
Ils s'offrent	**Ils offrent**
Ils s'adorent	**Ils adorent**
Ils s'accompagnent	Ils accompagnent
Ils s'aident	Ils aident
Ils s'ouvrent	Ils ouvrent
Ils s'oublient	Ils oublient

ⓔXERCICE 4

Les verbes suivants deviennent des verbes pronominaux seulement par l'addition du pronom SE, qui se réduit dans ce cas à *s* ou *z*.

s		*z*	
On parle	On se parle	On dit	On se dit
On cache	On se cache	On voit	On se voit
On cherche	On se cherche	On demande	On se demande
On téléphone	On se téléphone	On déclare	On se déclare
On sourit	On se sourit	On gare	On se gare
On prépare	On se prépare	On joue	On se joue
On promène	On se promène	On baisse	On se baisse
On passe	On se passe	On décide	On se décide

EXERCICE 5

Le *z* se trouve surtout dans la liaison des mots terminés par *s, x, z*.

Nous avons	**Vous avez**	Ils ont	Prends-en
Nous allons	**Vous allez**	Ils aiment	Manges-en
Nous aimons	**Vous aimez**	Ils étudient	Donnes-en
Nous étudions	**Vous étudiez**	Ils attendent	Bois-en
Nous attendons	Vous attendez	Ils entendent	Fais-en
Nous entendons	Vous entendez	Ils achètent	Lis-en
Nous achetons	Vous achetez	Ils écrivent	Dis-en
Nous écrivons	Vous écrivez	Ils y vont	Joues-en

Pensez-y		amis		avions
Courez-y	Les	élèves		usines
Sautez-y	Mes	artistes	Nos	ennemis
Venez-y	Tes	abonnés	Vos	infirmiers
Montez-y	Ses	imbéciles	Leurs	inspecteurs
Goûtez-y	Des	enfants		étudiants
Croyez-y	Ces	inconnus		assistants
Comptez-y		oiseaux		ouvriers

Deux heures	Chez elle
Trois heures	Chez eux
Six heures	Chez elles
Dix heures	Chez un voisin
Douze heures	Chez une voisine
Treize heures	Chez un ami
Quatorze heures	Chez une amie
Quinze heures	Chez un camarade

EXERCICE 6

Le mot *tous* a un traitement spécial.

– Tous *adjectif* : le *s* n'est pas prononcé.

Tous les ans
Tous vos élèves
Tous mes enfants
Tous tes arbres
Tous nos oiseaux
Tous vos amis
Tous leurs hivers
Tous ces Anglais

– Tous *pronom*, suivi d'une consonne, d'une voyelle, ou en finale : le *s* est prononcé *s*.

Ils sont tou**s** là	Ils sont tou**s** ici
Ils sont tou**s** perdus	Ils sont tou**s** assis
Ils sont tou**s** fatigués	Ils sont tou**s** honnêtes
Ils sont tou**s** contents	Ils sont tou**s** aimables
Ils parlent tou**s**	Ils sont tou**s** usés
Allez-y tou**s**	Ils sont tou**s** au Maroc
Venez tou**s**	Ils sont tou**s** à Paris
Taisez-vous tou**s**	Ils sont tou**s** en Allemagne

EXERCICE 7

Le mot *plus* a un traitement spécial.
– S'il est négatif : le *s* n'est jamais prononcé.

Il n'y en a plus   Il n'y sont plus

Je n'en veux plus   Elles n'y vont plus

On ne le voit plus   Elle n'en peut plus

– S'il est positif :

a) Devant une voyelle, le *s* est prononcé *z* au début du mot suivant.

Il est plus intelligent   Il est plus utile

Il est plus actif   Il est plus important

Il est plus aimable   Il est plus intéressé

b) Devant une consonne, le *s* n'est pas prononcé.

Il est plus grand   Il est plus bête

Il est plus vieux   Il est plus cultivé

Il est plus gros   Il est plus snob

c) Final, le *s* peut être prononcé ou non.

Un peu plus   Il n'en faut pas plus

Beaucoup plus   Je n'en sais pas plus

Encore plus   Je n'en veux pas plus

d) Pour le signe +, le *s* est toujours prononcé.

$1 + 1 = 2$ $75 + 16 = 91$

$2 + 3 = 5$ $20 + 30 = 50$

$11 + 12 = 23$ $100 + 25 = 125$

$14 + 10 = 24$ $1\,000 + 500 = 1\,500$

PHRASES

Les deux sœurs se réunissent à deux heures.

On entendait de la musique classique au concert.

Les hivers sont froids au centre des États-Unis.

Passez-y entre six et dix heures.

C'est un sujet intéressant.

Mais si, allez-y, c'est amusant.

Prenez-en, je vous en prie.

22 Opposition *ch* et *j* (*g* + *i, e*)

(T) **Type** boucher / bouger, hachis / agis

(G) **Groupes linguistiques** tous, et particulièrement les Germaniques –
Scandinaves – Chinois – Thaïlandais –
Birmans – Océaniens – Laotiens

(D) Définition

Caractères communs à *ch* et *j* :

– Les mâchoires sont fermées.

– Les lèvres sont arrondies.

– La pointe de la langue est relevée vers les dents supérieures.

– *ch* et *j* peuvent durer, on entend le passage de l'air entre la langue et les dents.

Différences entre *ch* et j :

– *ch* est une consonne sourde, les cordes vocales ne vibrent pas. On n'entend que le bruit du passage de l'air.

– *j* est une consonne sonore, les cordes vocales vibrent. On entend le bruit du passage de l'air et aussi les vibrations des cordes vocales.

(F) Fautes à éviter

1) La confusion entre les deux consonnes *ch* et *j*.

2) Les groupes linguistiques Hispanophones, Japonais, Coréens ont une faute particulière :

– Ils font précéder le *ch* d'un *t* : on entend *tch*aud au lieu de *ch*aud.

– Ils font précéder le *j* d'un *d* : on entend *dj*e au lieu de *j*e.

(C) Conseils pratiques

Pour la faute 1 mettre les doigts contre le larynx pour sentir les vibrations des cordes vocales pour le *j*.

Pour la faute 2 éviter que la langue touche les dents au commencement du *ch* et du *i*.

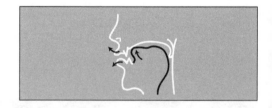

(E)XERCICE 1

Les mots suivants ne s'opposent que par les consonnes *ch* et *j*.

chose	j'ose	des chats	déjà
chez	j'ai	haché	âgé
chaud	Jo	cachot	cageot
choux	joue	les choux	les joues
chien	Giens	lécher	léger
champ	gens	hachis	agit
chute	jute	boucher	bouger
chatte	jatte	ficher	figer

cache	cage
Loches	loge
hache	âge
bouche	bouge
bêche	beige
hanche	ange
sache	sage
l'arche	large

PHRASES

Le chat a déjà mangé le hachis.

Elle a les joues rouges et chaudes.

J'ai cherché mon mouchoir, je l'avais perdu dans le jardin.

Il fait chaud, j'ai ouvert la fenêtre de gauche.

Il faut que je sache l'âge de la jeune fille chinoise.

J'ai chassé le jaguar en Chine.

Il y a beaucoup de gens aux champs.

J'ai acheté un cageot de choux rouges.

Ⓣ **Type** assis / Asie, assis / hachis, chou / joue
Ⓖ **groupes linguistiques** surtout les Grecs – Néerlandais – Hispanophones – Italiens et presque tous les Asiatiques. La dernière partie sera utile aussi aux Anglo-Saxons

Ⓓ **Définition**

Caractères communs aux deux groupes de consonnes : les mâchoires sont fermées, toutes ces consonnes peuvent durer, on entend le bruit du passage de l'air.

Différences entre les deux groupes de consonnes :

s et *z*	*ch* et *j*
– Les lèvres sont écartées. ↔	– Les lèvres sont arrondies (comme pour *ou*). ✕
– La pointe de la langue est en bas (comme pour *i*).	– La pointe de la langue est en haut.

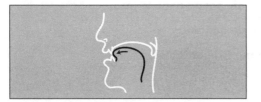
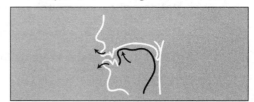

Ⓕ **Fautes à éviter**

La confusion entre *s/z* et *ch/j*.

Ⓒ **Conseils pratiques**

Travailler avec le miroir pour contrôler la position des lèvres. Pour *s* et *z* elle sont écartées ↔, pour *ch* et *j* elles sont arrondies ✕.

Remarque : *ch* ne doit pas commencer par un *t*, la langue ne doit pas toucher les dents de devant (Hispanophones et Japonais).

Ⓔ**XERCICE 1**

assis	Asie	cossu	cousu
cassé	casé	tassé	taisez
dépassé	déphasé	coussin	cousin
assure	azur	ils sont	ils ont

Ⓔ**XERCICE 2**

ça	chat	faussé	fauché	as	hache
c'est	chez	cassé	caché	fasse	fâche
sot	chaud	assez	haché	fils	fiche
sic	chic	assis	hachis	bis	biche

EXERCICE 3

c'est moi	chez moi	c'est nous	chez nous
c'est toi	chez toi	c'est vous	chez vous
c'est lui	chez lui	c'est eux	chez eux
c'est elle	chez elle	c'est elles	chez elles

EXERCICE 4

Consonnes *s / ch*

c'est charmant	son chien	sa chambre
c'est changé	son chef	sa chance
c'est chez moi	son chandail	sa chanson
c'est chaud	son chang∅ment	sa chaussette
c'est chimique	son château	sa chaussure
c'est cher	son chauffeur	sa ch∅minée
c'est choquant	son ch∅min	sa ch∅mise
c'est chic	son ch∅val	sa chev∅lure

	(*s* se prononce *z*)	(*j* se prononce *ch*)
qui s∅ chasse	ça s∅ joue	j∅ sais bien
qui s∅ cherche	ça s∅ jalouse	j∅ suis bien
qui s∅ choque	ça s∅ joint	j∅ sors bien
qui s∅ charge	ça s∅ jauge	j∅ saute bien
qui s∅ chagrine	ça s∅ juche	j∅ sens bien
qui s∅ chausse	ça s∅ jette	j∅ cède bien
qui s∅ chauffe	ça s∅ juge	j∅ signe bien
qui s∅ chante	ça s∅ justifie	j∅ serre bien

Consonnes *z / g + i, e*

asie – agit	casette – cagette
oser – OG	raser – rager
user – UG	gazer – gager

EXERCICES SPÉCIAUX

Pour les Anglo-Saxons, les Néerlandais, les Chinois, les Thaïlandais, les Birmans, les Japonais. Pour ces nationalités, le groupe *s + i + voyelle* est prononcé comme *ch + i + voyelle* (ex. : *sien* est prononcé comme *chien*).

© Conseils pratiques

La pointe de la langue doit rester fortement appuyée contre les dents inférieures et les lèvres ne doivent pas s'arrondir, au contraire, elles doivent être écartées.

Les lèvres sont écartées pour le s et pour la voyelle suivante	*Les lèvres sont écartées pour le s, mais elles sont arrondies pour la voyelle suivante*	*La difficulté est la même pour le groupe z + i + voyelle*
dossier	**nation**	**rosier**
acier	**passion**	**posiez**
boursier	**action**	**télévision**
épicier	**notion**	**les yeux**
massiez	initiaux	causiez
passiez	faciaux	cousions
poussiez	raciaux	deuxième
		dixième

Remarque : L'exercice peut être effectué en disant d'abord doss/ier. Quand le *YOD* sera bien fixé auditivement, on passera à do/ssier.

Ces mêmes groupes linguistiques prononcent souvent les groupes *su* et *zu* comme *chu* et *ju*. La pointe de la langue doit rester fortement appuyée contre les dents inférieures pour éviter cette faute.

assure	issue
cassure	tissu
c'est sûr	les États-Unis
ça suffit	azur

ⓟHRASES

Contenant à la fois les deux groupes de consonnes *s* et *z* (lèvres écartées) et *ch* et *j* (lèvres arrondies).

J'ai acheté un joli chat siamois jaune.

Son chien n'est pas méchant.

Je suis enchanté d'y avoir assisté.

Cette soirée était charmante.

Qu'est-ce que vous cherchez ?

C'est dommage qu'il soit déjà si tard.

C'est très gentil de sa part.

J'ai l'impression qu'elle ne sait pas s'organiser.

Cette jolie fille n'est pas Écossaise, elle est Chilienne.

Il faut chercher une solution plus avantageuse.

24 Opposition *p* / *b*

(T) **Type** pain / bain
(G) **Groupes linguistiques** Germaniques – Scandinaves – Chinois – Birmans – Thaïlandais et de nombreux Africains. Les Anglo-Saxons devront travailler surtout les exercices sur le *p*.

(D) Définition

Caractères commun à *p* et à *b* :
– Les mâchoires sont entrouvertes.
– Les lèvres s'appuient nettement l'une contre l'autre.
– *p* et *b* ne peuvent être prolongés. Ils explosent.

Différences entre *p* et *b* :
– *p* est une consonne *sourde*. Les cordes vocales ne vibrent pas. On n'entend que le bruit de l'explosion (quand les lèvres se détachent l'une de l'autre).
– *b* est une consonne *sonore*. Les cordes vocales vibrent pendant que les lèvres sont fermées (on entend les vibrations, puis l'explosion).

(F) Fautes à éviter

1) La confusion des deux consonnes *p* et *b* :
– au commencement : *p*ère / *b*ête
– au milieu : ha*pp*é / a*bb*é
– à la fin : trom*p*e / trom*b*e
2) Les groupes germaniques, anglo-saxons et iraniens font un souffle après le *p*.

(C) Conseils pratiques

Pour la faute 1 mettre les doigts contre la pomme d'Adam pour contrôler que les cordes vocales vibrent pour le *b* et ne vibrent pas pour le *p*.

Pour la faute 2 se préparer à prononcer la voyelle qui suit le *p*, en fermant nettement les lèvres.

Exemple : papa

Faire une contraction des cordes vocales comme pour dire le *a*, et fermer les lèvres nettement pour le *p*, puis, dire le *a*.

(E)XERCICE 1

– *p* se prononce toujours de la même façon, quelle que soit sa position dans le mot.
– *b* se prononce toujours de la même façon, quelle que soit sa position dans le mot.

Au commencement, le p n'est pas suivi d'un souffle.

pou	bout		
pont	bon		
pot	beau		
peu	bœufs		
pu	bu		
pis	bis		

Entre deux voyelles, le p n'est pas suivi d'un souffle.

taper	tabou
souper	habit
attraper	au bain
tremper	il a bu
c'est parfait	tombé
j'ai perdu	là-bas

À la fin d'un mot, vérifier au miroir que p et b explosent.

ça tape	**quelle jolie robe !**
Allez hop !	**j'ai mal à la jambe**
attrape	**donnez-m'en un tube**
c'est un cap	**à l'aube**
quel type !	**il est au club**
ça frappe	**il est snob**

ⒺXERCICE 2

Expressions avec *c'est*.

c'est peu	c'est bien
c'est pétit	c'est beau
c'est plein	c'est bête
c'est perdu	c'est bon
c'est pointu	c'est brillant
c'est profond	c'est bleu
c'est parlant	c'est blanc
c'est pittoresque	c'est bâti

⒫HRASES

Le pétit bébé a sali son bavoir avec du biscuit.

La pauvre Brigitte a perdu son passeport au bazar.

Je n'ai pas pu boire ce vin blanc.

Est-ce qu'il y a du porto à Bordeaux ?

J'ai porté le pétit au lit et je l'ai bordé.

Ce pauvre abbé a passé une bonne heure au bureau.

J'ai posé mon portefeuille sur le banc.

Je voudrais un tube d'aspirine et une boîte de pastilles.

25 Opposition f / v

Ⓓ Définition

Caractères communs à f et v :
  – Les mâchoires sont entrouvertes.
  – La lèvre inférieure s'appuie nettement contre les dents supérieures.
  – f et v peuvent être prolongés. On entend le passage de l'air entre la lèvre et les dents.

Différences entre f et v :
  – f est une consonne *sourde* : les cordes vocales ne vibrent pas.
  – v est une consonne *sonore* : les cordes vocales vibrent. On entend le bruit du passage de l'air et aussi les vibrations des cordes vocales.

Ⓕ Fautes à éviter

1) La confusion entre les deux consonnes f et v.

2) La mauvaise articulation du f et du v. Beaucoup d'Asiatiques et d'Hispanophones n'appuient pas assez nettement la lèvre inférieure contre les dents supérieures, surtout quand f et v sont suivis d'une voyelle arrondie comme : *fume* et *vous*.

Ⓒ Conseils pratiques

Pour la faute 1 mettre les doigts contre la pomme d'Adam, pour sentir les vibrations du v.

Pour la faute 2 prendre un miroir et contrôler : on doit voir les dents s'appuyer sur la lèvre inférieure.

ⒺXERCICE 1

– f se prononce toujours de la même façon, quelle que soit sa position dans le mot.
– v se prononce toujours de la même façon, quelle que soit sa position dans le mot.

	Au commencement d'un mot		*Au milieu d'un mot*	
fou	**vous**	**en effet**	**à vous**
font	**vont**	**enfin**	**souvent**
faux	**vaut**	**un café**	**ça va**
feu	**veux**	**affreux**	**il l'a vu**
fut	**vu**	**quelle souffrance**	**l'avez-vous ?**
fit	**vit**	**Il l'affirme**	**en avion**

73

À la fin d'un mot		*À la fin d'un mot :*	
		opposition masculin / féminin	
quelle gaffe	**va à la cave**	**actif**	**active**
quelle belle étoffe	**c'est à Yves**	**passif**	**passive**
j'étouffe	**quel rêve**	**massif**	**massive**
donnez-moi un œuf	**c'est grave**	**poussif**	**poussive**
il est sain et sauf	**elle est neuve**	impulsif	impulsive
		incisif	incisive
		relatif	relative
		intensif	intensive

ⒺXERCICE 2

Expressions avec *c'est*.

c'est faux	c'est vrai
c'est fameux	c'est vide
c'est franc	c'est vaste
c'est fragile	c'est varié
c'est féminin	c'est vivant
c'est facile	c'est vous ?

⒫HRASES

Répéter avec le miroir.

Attention, le feu est vert.

J'ai fait des endives au fromage.

Si vous aviez formé des élèves !

Avez-vous fermé le verrou ?

C'est la faute de vos enfants.

Savez-vous où il faut envoyer les fleurs ?

A force de flatteries, il finira pas avoir une invitation.

Il a fait fortune au Vénézuela en vendant des fourrures.

26 Opposition *b* / *v*

Ⓣ **Type** il a bu / il a vu

Ⓖ **Groupes linguistiques** Hispanophones – Japonais – Birmans – certains Indiens, Pakistanais, Iraniens, Arabes qui confondent le *b* et le *v*.
Les Turcs, qui ne confondent pas le *b* et le *v*, auront cependant avantage à faire les exercices sur le *v*, qu'ils prononcent généralement comme un *oué* (voir leçon 19, p. 57, phrases spéciales)

Différences entre B et V

b	*v*
– Les deux lèvres s'appuient nettement l'une contre l'autre. – Le *b* ne peut pas être prolongé. Il *explose*.	– La lèvre inférieure s'appuie nettement contre les dents supérieures. – Le *v* peut être prolongé. Il laisse passer l'air du début à la fin.

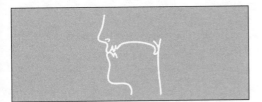 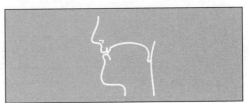

Ⓒ **Conseils pratiques**

Contrôler la pression des lèvres dans le miroir.

– *b* se prononce toujours de la même façon, quelle que soit sa position dans le mot.
– *v* se prononce toujours de la même façon, quelle que soit sa position dans le mot.

Au commencement d'un mot		Au milieu d'un mot	
bile	**ville**	**un habit**	**un avis**
bas	**vas**	**un abbé**	**un ave**
bu	**vu**	**ça bat**	**ça va**
beau	**veau**	**le bain**	**le vin**
bout	**vous**	**il a bu**	**il a vu**
bon	**vont**	**la bile**	**la ville**
bain	vin	à bout	à vous
banc	vent	il sent bon	ils s'en vont

À la fin d'un mot

(contrôler avec le miroir que le *b* explose,
c'est-à-dire que les lèvres se rouvrent après l'explosion.)

Quelle jolie robe !   **Va à la cave**

J'ai mal à la jambe   **Quel rêve !**

Donnez-m'en un tube   **Dans la cuve**

Il est au club   **Elle est neuve**

Il est snob   Elle est veuve

Un crabe   Ils se sauvent

Ils tombent   C'est grave

Une bombe   Des cives

❷XERCICE 2

Expressions avec *c'est* ou *ça*.

C'est bien   Ça vient

C'est beau   Ça le vaut

C'est bon   C'est vrai

C'est blanc   C'est vert

C'est bleu   C'est varié

C'est brillant   C'est vivant

Ça fait du bien   C'est vous

Ça se fait beaucoup   Ça se voi

❿HRASES

Répéter avec le miroir.

J'habite à la Cité Universitaire en hiver.

J'aime bien boire du vin blanc.

Je voudrais du beurre avec les olives, s'il vous plaît.

Voulez-vous un verre d'eau, un verre de bière ou un verre de vin ?

Voulez-vous du vert, du bleu, du blanc ou du violet ?

Avez-vous visité la basilique ?

Elle a les cheveux blonds, avec quelques cheveux blancs.

Il est arrivé avant vous à 9 heures.

Avez-vous visité les boutiques de l'avenue Berlioz ?

Savez-vous si les voisins ont un bébé ?

Le lavabo est bouché, il faut faire venir le plombier.

27 Opposition *p* / *f*

(T) **Type** lapin / la fin

(G) **Groupes linguistiques** Birmans – Indiens – Océaniens – Pakistanais –
Iraniens – Japonais – Chinois – Certains arabes
et hispanophones

Différences entre *p* et *f*

p

– Les lèvres s'appuient nettement
l'une contre l'autre.
– Le *p* ne peut pas durer : il explose.

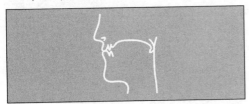

f

– La lèvre inférieure s'appuie nettement
contre la lèvre supérieure.
– Le *f* peut durer, il peut être prolongé.

(F) **Fautes à éviter**

Ces deux consonnes sont souvent prononcées par les groupes cités, comme des *p*
qui n'explosent pas, mais qui, au contraire, laissent passer l'air comme pour *f*.

(C) **Conseils pratiques**

Contrôler la position des lèvres dans le miroir et travailler avec l'enregistrement.

(E)XERCICE 1

– *p* se prononce toujours de la même façon, quelle que soit sa position dans le mot.
– *f* se prononce toujours de la même façon, quelle que soit sa position dans le mot.

Au commencement du mot		*Au milieu du mot*	
paix	**fait**	**la paire**	**l'affaire**
pas	**fat**	**épais**	**effet**
port	**fort**	**appuie**	**a fui**
pot	**faux**	**gripper**	**griffer**
peu	feu	en père	en fer
pus	fut	les ports	l'effort
pou	fou	lapin	la fin
pour	four	la pelote	la flotte

À la fin du mot (contrôler l'explosion dans le miroir)

un type	**actif**
attrape	**une gaffe**
une crêpe	**une greffe**
un cep	**un chef**
allez hop !	une étoffe
étoupe	étouffe
houppe	ouf !
la grippe	la griffe

❷XERCICE 2

Expressions courantes avec *c'est* et *ça.*

C'est peu	C'est le feu
C'est pauvre	C'est faux
C'est petit	C'est fini
C'est profond	C'est facile
C'est pointu	C'est fragile
C'est plein	C'est féminin
C'est pratique	C'est formidable
Ça se peut bien	Ça se fait bien

❿HRASES

Répéter avec le miroir.

Le petit est parti jouer au football.

Son père est fonctionnaire.

Le pauvre pêcheur avait faim et soif.

Il ne pourra pas profiter de cette faveur.

Il est fou de passer la frontière sans passeport.

C'est ma faute, c'était trop difficile.

Il fait partie d'une famille puritaine.

Pourtant mon portefeuille était bien dans ma poche.

Pouvez-vous me dire quelles sont vos préférences ?

Mais c'est parfaitement possible.

28 Opposition *t* / *d*

Ⓣ **Type** tout / doux
Ⓖ **Groupes linguistiques** Germaniques – Scandinaves – Chinois – Birmans –
Thaïlandais et de nombreux Africains.
Les Anglo-Saxons devront travailler les exercices sur le *t*.
Les Hispanophones devront travailler les exercices
sur le *d*.
Les Brésiliens, Portugais, Canadiens français,
Égyptiens, Marocains, Tunisiens, Algériens,
Mauriciens trouveront à la fin de la leçon
des exercices spéciaux pour eux.

Ⓓ Définition

Caractères communs à *t* et *d* :
– Les mâchoires sont entrouvertes.
– La langue s'appuie contre les dents supérieures et non contre les alvéoles (derrière les dents).
– *t* et *d* ne peuvent être prolongés. Ils *explosent.*

Différences entre *t* et *d* :
– *t* est une consonne *sourde.* Les cordes vocales ne vibrent pas. On n'entend que le bruit de l'explosion (quand la langue se détache des dents).
– *d* est une consonne *sonore.* Les cordes vocales vibrent pendant que la langue s'appuie contre les dents. On entend les vibrations, puis l'explosion.

Ⓕ Fautes à éviter

Elles diffèrent selon les groupes linguistiques. *Germaniques, Scandinaves, Chinois, Birmans, Thaïlandais et de nombreux Africains* confondent les deux consonnes.

Ⓒ Conseils pratiques

– *t* se prononce toujours de la même façon, quelle que soit sa position dans le mot.
– *d* se prononce toujours de la même façon, quelle que soit sa position dans le mot.
– Vérifier que les cordes vocales vibrent pour le *d* et non pour le *t*, avec les doigts posés contre la pomme d'Adam.
– Les *Anglo-Saxons, Germaniques* font un souffle après le *t* :

Se préparer pour la prononciation de la voyelle qui suit le *t* en appuyant la langue contre les dents supérieures.

– Les *Hispanophones* font un *d* entre deux voyelles et en finale, qui ressemble à un *z* (au *th* anglais de *this*), c'est-à-dire que pendant que la langue est appuyée contre les dents, ils laissent passer l'air comme dans Ma*d*rid en espagnol. En finale, ce son disparaît même souvent complètement dans la prononciation courante d'un Hispanophone. Au contraire, pour un *d* français, la langue doit être appuyée nettement contre les dents (et non entre les dents, à contrôler au miroir), comme pour le *t*. Le *d*, comme le *t*, explose et se prononce toujours avec netteté, quelle que soit sa position dans le mot. Il ressemble au *d* initial espagnol.

ⒺXERCICE 1

Au commencement du mot

tout	**doux**		
tôt	**dos**		
ton	**don**		
te	**de**		
teint	daim		
thé	des		
tu	du		

Au milieu du mot

entamer	**madame**
autorité	**idéal**
état	**idiot**
étudier	**adulte**
étonné	édifice
étirer	addition
attirer	lundi

À la fin du mot : contrôler l'explosion dans le miroir

Allez vite	**C'est humide**
C'est la fête	**Elle m'aide**
Je suis prête	**Elle est laide**
C'est ma faute	**C'est la mode**
Quelle brute !	Dans le sud
Il a honte	Il y a du monde
Une tarte	C'est fade

Ⓖ Groupes linguistiques

Les exercices suivants s'adressent à tous les groupes linguistiques.

ⒺXERCICE 2

Expressions avec *c'est*.

C'est tout	C'est doux
C'est tôt	C'est drôle
C'est triste	C'est dangereux
C'est terrible	C'est défendu
C'est idiot	C'est décidé
C'est à moi	C'est dehors
C'est évident	C'est dit

ⒺXERCICE 3

t dans les chiffres. (Remarquer que le *t* est prononcé avec 20 + un autre chiffre, mais non avec 80).

21, 22, 23, 24, 25, 26, 27, 28   31, 32, 33, 34, 35, 36, 37, 38

81, 82, 83, 84, 85, 86, 87, 88   41, 42, 43, 44, 45, 46, 47, 48

Remarque : Le *t* final de toutes les dizaines se prononce très nettement : 25, 35, 45, 55, 65, 75, 152, 162...

EXERCICE 4

Liaison avec *t* et *d*. Remarquer que le *d* de liaison se transforme toujours en *t*.

C'est à moi	**Un grand homme**	**Quand il viendra**
C'est à toi	**Un grand avion**	**Quand il ira**
C'est à lui	Un grand amour	Quand il saura
C'est à elle	Un grand oiseau	Quand il boira
C'est à nous	Un grand autobus	Quand il chant*e*ra
C'est à vous	Un grand étudiant	Quand il mang*e*ra
C'est à eux	Un grand élève	Quand il fum*e*ra
C'est à elles	Un grand espoir	Quand il sonn*e*ra

EXERCICE 5

Le pronom *te* peut se réduire à la consonne *t*. Travailler en opposition les phrases avec le complément réduit à *t* et les phrases sans complément.

Il veut t*e* voir	**Il veut voir**
Il veut t*e* remercier	**Il veut r*e*mercier**
Il veut t*e* parler	**Il veut parler**
Il veut t*e* payer	**Il veut payer**
Il veut t*e* trouver	**Il veut trouver**
Il veut t*e* chercher	Il veut chercher
Il veut t*e* téléphoner	Il veut téléphoner
Il veut t*e* féliciter	Il veut féliciter

EXERCICE 6

Le verbe *venir de*, suivi d'un autre verbe, exprime le passé récent. Le verbe *venir*, suivi d'un autre verbe, exprime une sorte de futur très proche, ou la volonté.

Exemple : *Je viens de déjeuner* et *Je viens déjeuner.*

La préposition *de* se réduit à *d*. Travailler les exemples suivants en opposant passé et futur.

Je viens d*e* voir Jean	**Je viens voir Jean**
Je viens d*e* chercher du pain	**Je viens chercher du pain**
Je viens d*e* téléphoner	**Je viens téléphoner**
Je viens d*e* danser avec elle	**Je viens danser avec elle**
Je viens d*e* la chercher	Je viens la chercher
Je viens d*e* préparer le dîner	Je viens préparer le dîner
Je viens d*e* boire un peu	Je viens boire un peu
Je viens d*e* discuter avec Annie	Je viens discuter avec Annie
Je viens d*e* déjeuner avec eux	Je viens déjeuner avec eux
Je viens d*e* dormir	Je viens dormir

⒠XERCICE 7

L'article partitif peut se réduire à *d*, et peut ainsi changer le sens d'une phrase par sa présence.

*Exemple : **Je voudrais l'argent** veut dire : **tout l'argent dont il est question**.*
*   **Je voudrais dé l'argent** veut dire : **une certaine somme d'argent**.*

Travailler les exemples suivants en opposant ces deux idées.

Je voudrais l'eau	**Je voudrais dé l'eau**
Je voudrais l'essence	**Je voudrais dé l'essence**
Je voudrais l'encre	**Je voudrais dé l'encre**
Je voudrais l'argent	Je voudrais dé l'argent
Je voudrais l'huile	Je voudrais dé l'huile
Je voudrais l'orangeade	Je voudrais dé l'orangeade
Je voudrais l'aspirine	Je voudrais dé l'aspirine
Je voudrais l'alcool	Je voudrais dé l'alcool

ⓟHRASES

C'était deux dames très distinguées.

Elle vendait des cartes postales dans une petite boutique démodée.

C'était lundi à deux heures et demie.

Téléphonez-moi dans l'après-midi entre deux heures et demie et trois heures.

Je suis tout à fait démoralisé.

Il est trop tôt pour faire un diagnostic valable.

Il est sans doute dangereux.

C'est inutile et fatigant.

Mais c'est démodé, Madame !

Madame Durand est distraite.

Il est interdit de doubler dans un virage.

C'est difficile de trouver un docteur le dimanche.

Donnez-m'en sept ou huit.

⒠XERCICES SPÉCIAUX

Les Brésiliens, Portugais, Canadiens français, Égyptiens, Marocains, Algériens, Tunisiens, Mauriciens, lorsqu'ils trouvent le groupe *t* + *i*, *t* + *u* ou *d* + *i*, *d* + *u* introduisent, entre la consonne et la voyelle une sorte de *s* dans le cas du *t*, une sorte de *z* dans le cas du *d*.

Exemple : Au lieu de *lundi*, on entend *lundzi* ; au lieu de *matinée*, on entend *matsinée*.

Il faut apprendre à décoller la langue des dents, après le *t* et le *d*, très vite, sans que la langue frotte contre les dents supérieures.

Il aidera lundi	Il est toujours timide
Il aidera mardi	Il est toujours actif
Il aidera mercredi	Il est toujours fatigué
Il aidera jeudi	Il est toujours parti
Il aidera vendredi	Il est toujours attiré
Il aidera samedi	Il est toujours sorti
Il aidera dimanche	Il est toujours gentil
Il y a dix ans	Il est toujours tiré
Sans doute viens-tu ?	J'ai donné du sel
Sans doute sors-tu ?	J'ai donné du pain
Sans doute l'as-tu ?	J'ai donné du vin
Sans doute manges-tu ?	J'ai donné du beurre
Sans doute pleures-tu ?	J'ai donné du poivre
Sans doute l'aimes-tu ?	J'ai donné du cake
Sans doute ris-tu ?	J'ai donné du thé
Sans doute pars-tu ?	J'ai donné du lait

⒫HRASES SPÉCIALES

J'ai l'habitude.

Son attitude est irritante.

C'est inutile au Portugal.

Le temps est humide.

C'est un industriel.

Il est très timide.

Mais non, pas du tout !

Il est parti dimanche après midi.

Son activité diminue depuis dix ans.

L'as-tu dit à sa petite sœur ?

29 Opposition *k* / *g*

Ⓣ **Type** quai / gai

Ⓖ **Groupes linguistiques** Germaniques – Scandinaves – Birmans – Chinois –
Thaïlandais – de nombreux Africains.
Les Anglo-Saxons devront travailler le *k*
et les Hispanophones le *g*.
Les Turcs, les Roumains, certains Iraniens
et Slaves trouveront à la fin de la leçon
des exercices spéciaux.

Ⓓ **Définition**

Caractères communs à *k* et *g* :

– Les mâchoires sont entrouvertes.

– La langue s'appuie contre les dents inférieures, le dos de la langue est en contact avec le milieu du palais.

– *k* et *g* ne peuvent être prolongés. Ils explosent.

Différences entre *k* et *g* :

– *k* est une consonne *sourde*. Les cordes vocales ne vibrent pas. On n'entend que le bruit de l'explosion (quand la langue se détache du palais).

– *g* est une consonne *sonore*. Les cordes vocales vibrent pendant que la langue s'appuie contre le palais. On entend les vibrations, puis l'explosion.

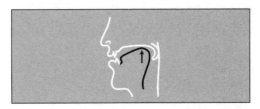

Ⓕ **Fautes à éviter**

– *Les Germaniques, les Scandinaves, les Birmans, les Chinois, les Thaïlandais, les Océaniens et de nombreux Africains* confondent la consonne sourde *k* et la consonne sonore *g*.

– *Les Anglo-Saxons, les Germaniques, les Iraniens et de nombreux Africains* font suivre le *k* (comme *p* et *t*) d'un souffle.

– *Les Hispanophones* font souvent un *g* (soit à la fin d'un mot, soit entre deux voyelles) qui ressemble à un souffle. C'est-à-dire que pendant que le dos de la langue est appuyé contre le palais, ils laissent passer l'air, comme dans *hago*, en espagnol. Pour une oreille française, ce *g* est entendu presque comme un *r* léger.

– *Les Turcs, les Roumains, certains Slaves et Iraniens* font souvent entendre après *k* et *g*, une sorte de petit yod. Par exemple dans l'expression *Qu'est-ce que c'est* on entend *Quyest-cequye c'est*.

Ⓒ **Conseils pratiques**

– *k* ou *g* se prononcent toujours de la même façon quelle que soit leur position dans le mot.

Vérifier, en mettant les doigts contre la pomme d'Adam, que les cordes vocales vibrent pour le *g* et qu'elles ne vibrent pas pour le *k*.

– Pour éviter le souffle, se préparer à prononcer la voyelle qui suit le *k*, avant le *k*. (On doit sentir une contraction des muscles abdominaux, comme quand on va tousser). Puis tout en maintenant cette contraction abdominale, articuler le *k*, immédiatement suivi de la voyelle.

– Pour un *g* français, le dos de la langue doit être appuyé très fortement contre le milieu du palais, comme pour le *k*. Le *g*, comme le *k*, explose quelle que soit sa position dans le mot.

– Le *k* comme le *g* français s'articulent avec la partie centrale du dos de la langue contre la partie médiane du palais, mais légèrement en arrière, et la zone de contact doit être très étroite.

Ⓔ**XERCICE 1**

Pour les Germaniques, Scandinaves, Birmans, Chinois, Thaïlandais, Africains.

Au commencement du mot		*Au milieu du mot*	
car	**gare**	paquet	pagaie
cale	**gale**	écoute	égoutte
quai	**gai**	à Caen	à Gand
qui	**gui**	l'écran	les grands
Caire	guerre	c'est classé	c'est glacé
coûte	goutte	le clan	le gland
cru	grue	les coûts	l'égout
carré	garer	un carreau	un garrot

À la fin du mot : contrôler l'explosion de *k* et *g*

bac	bague
bec	bègue
roc	rogue
vacque	vague
manque	mangue
oncle	ongle
brique	brigue
cycle	sigle

Ⓟ**HRASES**

Quand comptez-vous aller à Cannes et à Gand ?

À quelle gare faut-il aller expédier ce paquet ?

Avez-vous calculé le temps qu'il faudra pour y aller ?

Ce quai n'est pas gai.

Mon café est glacé.

C'est le kinésithérapeute qui l'a guéri.

Sa réaction n'était ni galante ni élégante.

EXERCICE 2

Spécial pour les Hispanophones. Avant de commencer ces exercices, il est bon d'étudier le *r* français, afin de l'opposer à *g*, puisque les Hispanophones ont un *g* qui ressemble au *r* français.

Caractères communs à *g* et *r*
– Les mâchoires sont entrouvertes.
– Les lèvres sont légèrement écartées.
– La pointe de la langue est appuyée contre les dents inférieures.
– Le dos de la langue est remonté vers le palais.
– Les cordes vocales vibrent : G et R sont des consonnes sonores.

Différences entre le *g* et le *r*

g

– C'est le milieu du dos de la langue qui remonte vers le palais, pour fermer complètement le passage de l'air.
– Le *g*, comme le *k*, ne peut pas durer, il explose.
– Pour *g*, les cordes vibrent pendant que la langue est appuyée contre le palais, les vibrations cessent à l'explosion.

r

– C'est l'arrière du dos de la langue qui remonte vers la luette, tout en laissant toujours passer l'air.
– Le *r* peut durer, on peut le prolonger.
– Pour *r* les cordes vocales vibrent pendant toute la durée du *r*.

EXERCICE 3

Les mots suivants ne s'opposent que par les deux consonnes *g* et *r*.

gui	ris	gant	rang
gaie	raie	gond	rond
goût	roue	bague	bar
gain	rein	vague	Var

PHRASES

Spéciales pour les Hispanophones.

J'ai heurté le pare-choc de la voiture contre le mur du garage.

Il a gardé d'horribles souvenirs de la guerre.

Il a été guéri de la gorge par un spécialiste de Singapour.

Buvez une gorgée de ce délicieux malaga.

Je vous garantis cette guitare.

Gargarisez-vous. Prenez un grand verre de grog au rhum.

Il y a du muguet derrière la grille du parc.

Régalez-vous de ce gâteau au rhum.

EXERCICE 4

Les Hispanophones ainsi que de nombreux Asiatiques et les Germaniques devront faire spécialement attention : le son de la lettre *x* et du groupe *cc* + *(i, e)* se prononce *ks* dans les phrases suivantes.

C'est excellent !

Cet accident au Texas l'a désaxé

Le taxi n'a pas accès au quai

C'est un Occidental aux actions rapides

Il a eu un succès extraordinaire

Elle a exprimé le désir de succéder à son père

Le boxeur était exténué

Les marchandises sont taxées au Mexique

Il a un accent d'Extrême-Sud

Excusez-moi, j'étais parti en excursion

La lettre *x* se prononce *gz* dans les exemples suivants.

Il exige un examen des poumons

C'est un bon exemple pour les exercices

C'est exact, il est exonéré d'impôt

C'est un exalté, il exagère tout

C'est exaspérant cette exigence

Quelle exubérance !

EXERCICE 5

Spécial pour les Turcs, Roumains, certains Slaves et Iraniens.

Les mots de la première série ne s'opposent que par la voyelle, mais la qualité des *K* ou *G* doit être exactement la même dans les mots opposés.

gant	**gui**	Qu'est-ce que c'est ?
gars	**gai**	Qu'est-ce qu'il y a ?
caille	**quille**	Qu'est-ce qui se passe ?
cache	**quiche**	Qu'est-ce que vous avez ?
cale	quelle	Qu'est-ce que vous prenez ?
casse	caisse	Qu'est-ce que vous dites ?
compte	quête	Qu'est-ce que vous me donnez ?
coup	queue	Qu'est-ce que vous voulez ?

avec qui ?   lequel ?

pour qui ?   laquelle ?

sur qui ?   lesquels ?

en qui ?   lesquelles ?

de qui ?   auxquels ?

et qui ?   auxquelles ?

sans qui ?   desquels ?

par qui ?   dans lequel ?

PHRASES

– *k* se prononce toujours de la même façon, quelles que soient les voyelles qui l'entourent.

– *g* se prononce toujours de la même façon, quelles que soient les voyelles qui l'entourent.

À qui est cette casquette ?

C'est gai cette kermesse !

Ils ont fabriqué la quille du bateau.

Il a une mimique expressive.

On se rencontre à la gare de Gagny.

Gagnon se trouve au Canada dans la province de Québec.

Dans quelle galère s'est-il engagé !

Il exigé un gage pour garantir la vente du garage.

Ⓣ **Type** rare
Ⓖ **Groupes linguistiques** tous

Ⓓ **Définition**

– Les mâchoires sont entrouvertes.
– Les lèvres sont légèrement écartées.
– La pointe de la langue est appuyée en bas, contre les dents inférieures.
– L'arrière du dos de la langue est en contact avec la luette.
– Le frottement entre la langue et la luette est très léger ; on entend le bruit de ce frottement.
– Les cordes vocales vibrent pendant l'émission du *r* (sauf quelques exceptions que nous verrons plus loin).

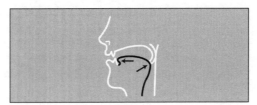

Ⓕ **Fautes à éviter**

Ne pas remplacer ce *r* (dit parisien), qui s'articule au fond de la bouche, par le *r* qui existe dans beaucoup de langues et qui s'articule en avant de la bouche avec la pointe de la langue relevée contre les dents supérieures. (*Exemple : r* espagnol, slave, roumain, italien, africain, etc.) Ce *r*, qu'on appelle roulé, n'existe presque plus dans le français cultivé moderne.

Ⓒ **Conseils**

Ils varient avec les groupes linguistiques.
– *Pour les Hispanophones :* remplacer le *r* soit par la *jota* comme dans *bajo* ou par *g* comme dans *hago* en espagnol. L'ajustement se fera à l'oreille avec l'enregistrement. Pour les Brésiliens ou les Portugais, utiliser le son final des infinitifs comme *faltar*.
– *Pour les Slaves :* remplacer le *r* roulé de *rosa* en russe par exemple, par le *x* de *xaoc* en russe, ou par le *ch* de *chleb* en polonais, ou par le son initial du mot *hôtel* en Yougoslave.
– *Pour les Turcs, Arabes et de nombreux Africains :* il existe dans leurs langues un son qui est articulé dans le fond de la bouche et qui ressemble à ce *r* français, par exemple dans *ahududu* en turc, ou dans le mot arabe qui veut dire frère : *oh*.
– *Pour les Germaniques :* le *ch* dans *Machen, Doch, Ach* correspond à peu près au *r* sourd (sans vibration des cordes vocales) des mots français comme *être, quatre*. Le *r* allemand de *Rund* est, selon les régions, un *r* roulé comme en espagnol ou en italien, ou un *r* uvulaire comme en français, mais le *r* uvulaire allemand est *vibré*. (On

entend plusieurs vibrations de la luette, alors qu'en français il y a simplement un léger frottement sans vibration de la luette). Ce *r* de *Rund* n'est donc pas recommandable.

— *Pour les Anglo-Saxons, les Italiens*, et tous ceux qui n'ont pas, dans leur langue maternelle, un son se rapprochant du *r* parisien : il faut, soit se rapporter à une autre langue connue, possédant un son proche, (le plus souvent, on peut se rapporter à la prononciation du nom du musicien allemand J.-S. Bach), soit revoir la définition ainsi que la figure page 89, et imiter l'enregistrement.

❷XERCICE 1

r + consonne

Vérifier au miroir que la pointe de la langue reste bien contre les dents inférieures.
1 La pointe de la langue reste en bas après le *r*, pour le *k*.
2 La pointe de la langue doit être en bas, même si elle doit remonter ensuite pour la consonne qui suit le *r*.

1	2		
parquet	merci	par téléphone	pourtant
arcade	percé	par timidité	pourvu
arc-en-ciel	fermé	par paresse	pourquoi
par qui ?	certain	par malheur	pourboire
marquis	parfait	par bonheur	pourcentage
orchestre	pardon	par camion	pourparlers
orchidée	forcé	par centaine	poursuite
organe	tordu	par vertu	pour voir

❷XERCICE 2

Consonne + r

promenade	**bras**	trou	dresser
preuve	**branche**	traduire	drap
prothèse	**brique**	travail	drapeau
c'est pris	**brouette**	trente	drainer
c'est prêt	brie	c'est triste	dragée
c'est prévu	bru	c'est tranquille	c'est droit
c'est promis	c'est bref	c'est très bien	c'est drôle
c'est prétentieux	c'est brun	c'est trop	c'est dramatique
craie	graine	front	ouvrage
cri	graisse	fraise	ouvrir
cran	grève	frapper	ivresse
crac	grammaire	c'est fragile	avril
crise	c'est gris	c'est franc	en vrac
crève	c'est grand	c'est frais	vraiment
crème	c'est gros	c'est français	c'est navrant
c'est creux	c'est grave	c'est froid	c'est vrai

c**e**rise	Je m**e** réveille	Je n**e** reconnais pas
s**e**rin	Je m**e** rappelle	Je n**e** recommence pas
je s**e**rai	Je m**e** recouche	Je n**e** ris pas
ce s**e**ra	Je m**e** rends	Je n**e** reste pas
ça pass**e**ra	Je m**e** refais	Je n**e** range pas
il faut s**e** rappeler	Je m**e** repose	Je n**e** rapporte pas
il faut s**e** rendre	Je m**e** remets	Je n**e** réclame pas
il faut s**e** reposer	Je m**e** relève	Je n**e** reviens pas

❷XERCICE 3

r entre deux voyelles

arrive	errer	irriter
haricot	terrible	iris
arrêt	serrer	irez-vous
paraît	j**e** verrai	il ira
carré	terrain	ironie
carotte	terrasse	irrespect
la rue	erreur	irréligieux
par avion	terreur	irrégulier

horrible	heureux
horreur	malheureux
torride	écœuré
j**e** saurai	peureux
décoré	amoureux
forêt	fourrure
aurore	durer
ils auront	purée

❷XERCICE 4

r final. Pour le *r* final, il faut que les lèvres gardent la position qu'elles occupent pour la voyelle qui précède immédiatement le *r*.

Exemples

Pir le r final est ici précédé d'un i, qui se prononce avec les lèvres écartées, donc les lèvres doivent rester écartées pour le r et jusqu'à la fin du r (à contrôler dans le miroir).

Par le r final est ici précédé d'un a, qui se prononce avec les lèvres ouvertes et les mâchoires écartées, donc les lèvres et les mâchoires doivent rester dans la même position jusqu'à la fin du r (à contrôler dans le miroir).

Pour le r final est ici précédé d'un ou, qui se prononce avec les lèvres très arrondies, donc les lèvres doivent rester très arrondies jusqu'à la fin du r (à contrôler dans le miroir).

Tous les exercices suivants doivent être faits en contrôlant la position des lèvres dans le miroir.

Lèvres écartées		*Mâchoires ouvertes, pas de mouvement des lèvres*
pire	ma mère	**il est tard**
tire	mon père	**c'est rare**
dire	mon frère	**c'est bizarre**
lire	ça sert	**le soir**
cire	la guerre	**à la gare**
rire	le fer	c'est dɇ sa part
c'est-à-dire	j'espère	c'est lɇ départ
c'est lɇ pire	il a l'air	au rɇvoir

Remarque : Les Turcs font un *r* final qui ressemble au son *ch* du français : pour *père*, on entend *pêche*. Vérifier que la pointe de la langue est contre les dents inférieures.

Lèvres légèrement arrondies	
dehors	c'est l'heure
et alors	sa sœur
encore	j'ai peur
sors	le beurre
d'abord	j'ai mal au cœur
il est fort	les jolies fleurs
j'ai tort	quel malheur !
c'est au nord	quel bonheur !

Lèvres très arrondies	
c'est sa voiture	tous les jours
c'est dur	c'est court
il a de l'allure	c'est un four
il n'est pas mûr	des petits fours
jɇ vous jure	j'ai fait un tour
c'est sûr	il est sourd
elle fait une cure	c'est lourd
au fur et à mɇsure	il est dɇ retour

❺XERCICE 5

r initial. Les lèvres doivent être dans la position qu'elles auront pour la voyelle qui suit le *r*.

Exemples

Ridicule   le *r* est suivi d'un *i* qui se prononce avec les lèvres écartées, donc avant de prononcer le *i*, il faut écarter les lèvres pour le *r* (contrôler avec le miroir).

Rouge   le *r* est suivi d'un *ou* qui se prononce avec les lèvres très arrondies, donc avant de prononcer le *ou* il faut arrondir les lèvres pour prononcer le *r* (à contrôler dans le miroir).

Tous les mots suivants doivent être prononcés avec le miroir.

Lèvres écartées		*Mâchoire ouvertes, pas de mouvement spécial des lèvres*	
Ridicule !	**Récite-le !**	Range-le !	Rends-le !
Riez !	**Répète-le !**	Rattrape-le !	Rallume-le !
Rien !	**Récupère-le !**	Rapporte-le !	Raconte-le !

Lèvres arrondies

Recule !	Robert !
Refais-le !	Roule-le !
Reçois-le !	Rouspète !

❻XERCICE 6

Le préfixe *re* se réduit très souvent à *r*.

J'ai fait la vaisselle	**J'ai refait la vaisselle**
J'ai pris de la viande	**J'ai repris de la viande**
J'ai lu l'article	**J'ai relu l'article**
J'ai bouché la bouteille	**J'ai rebouché la bouteille**
J'ai donné le disque	J'ai redonné le disque
J'ai vu sa sœur	J'ai revu sa sœur
J'ai déménagé	J'ai redéménagé
J'ai couvert le livre	J'ai recouvert le livre

℗HRASES

Répéter avec le miroir.

J'ai perdu mon passeport dans la cour de l'Université.

J'irai à Versailles mercredi, c'est certain.

Il faudrait pouvoir fermer la porte au verrou pour voir.

J'ai cherché toute la soirée dans différents dictionnaires.

Il a tardé à remplir la formule pour obtenir une bourse du gouvernement.

La radio a retransmis une émission sur la Russie.

Au mois de mars, j'irai en Angleterre et en Irlande.

Donnez-moi du beurre ou des confitures.

Revoir le groupe *consonne + r final* à la leçon 18, page 52.

Ⓣ Type Lille
Ⓖ Groupes linguistiques surtout les Asiatiques, les Anglo-Saxons, les Portugais, les Iraniens et les Levantins.

Ⓓ Définition

Les mâchoires sont entrouvertes.

La pointe de la langue touche les alvéoles, un peu en arrière des dents supérieures.

L'air s'échappe *de chaque côté* de la langue, on entend le bruit qu'il fait en s'échappant.

Les cordes vocales vibrent.

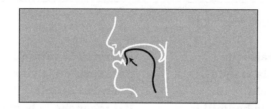

Ⓕ Fautes à éviter

Elles diffèrent selon les groupes linguistiques, ainsi que les conseils pour les corriger.

Pour les Asiatiques : le *l* n'est pas toujours très distinct du *d*, du *n* et du *r*. L'opposition *l / r* sera étudiée dans la leçon suivante.

Ⓒ Conseils pratiques

Opposition *d, n, l.*

Caractères communs à *d, n, l* :

– Les mâchoires sont entrouvertes.
– La pointe de la langue est contre les dents supérieures de devant.
– Les cordes vocales vibrent.

Différences entre *d, n, l* :

d et *n*	*l*
– Les bords de la langue s'appliquent contre le pourtour de la mâchoire supérieure et débordent de celle-ci. Le contact est très étroit, l'air ne peut pas passer.	– Les bords de la langue s'appliquent contre le pourtour de la mâchoire supérieure, mais à l'intérieur de celle-ci. Le contact n'est pas très étroit et l'air peut passer.
– *d* explose par la bouche. *n* peut durer, l'air passe par le *nez*.	– *l* peut durer, l'air passe par la *bouche*.

Faire les exercices suivants en vérifiant la position de la langue dans le miroir.

❸XERCICE 1

ni	dis	lit
nez	des	les
naît	dès	lait
ne	de	le
nu	du	lu
nord	dors	l'or
nos	dos	l'eau

rapine	rapide	la pile
Seine	cède	celle
dessine	décide	des cils
Simone	mode	molle
Rhône	rôde	rôle
anneau	à dos	allô
année	A.D.	allez

Pour les Anglo-Saxons, les Portugais : le *l*, surtout lorsqu'il est *final*, est articulé trop en arrière. La langue se creuse derrière la pointe.

© Conseils pratiques

Travailler avec le miroir et veiller à ce que les bords de la langue soient en contact avec le tour des dents supérieures et, pour éviter que la langue ne se creuse, faire un effort pour la *bomber*.

❸XERCICE 2

Au commencement du mot	*Au milieu du mot*
lit	allez
lui	falloir
lundi	pâlir
laisse	ailé
là	soleil
lave	

À la fin du mot

c'est elle
elle est belle
quel zèle !
c'est facile
recule
quelle foule !

ⒺXERCICE 3

l + consonne

tout le monde	dans le château	chez le médecin
tout le temps	dans le musée	chez le dentiste
tout le village	dans le métro	chez le coiffeur
tout le chapitre	dans le train	chez le directeur
tout le personnel	dans le couloir	chez le boucher
tout le collège	dans le salon	chez le boulanger
tout le service	dans le bureau	chez le charcutier
tout le bois	dans le laboratoire	chez le cordonnier

ⒺXERCICE 4

Pour les Iraniens et les Levantins : une voyelle s'intercale souvent entre la consonne et *l* : « bloc » est prononcé « baloc ».

Ⓒ Conseils pratiques

Consonne + l

On ne doit pas entendre de voyelle entre la consonne et le *l*. Il faut synchroniser la fin de la consonne avec le commencement du *l*.

pli	blé	clique	c'est un plaisir.
plaît	bloc	clip	c'est plus difficile.
plat	Blin	clé	c'est en anglais.
plein	blanc	clair	c'est bloqué.
plan	blond	claque	ça s'explique.
plomb	bled	cloque	il s'est appliqué.
plus	blême	cloche	il est enflé.
pleure	blâme	chlore	je l'ai appelé.

⒫HRASES

Elle a de jolies ailes bleues, cette hirondelle.

C'est sale et sans élégance.

C'est celle qu'elle appelle Gisèle, il me semble.

Adèle va au bal des Petits Lits Blancs.

Elle est folle d'y aller seule.

C'est drôle toute cette foule en liesse.

Tout le monde l'appelle mademoiselle au lieu de madame.

Ça ne me plaît pas parce que c'est en plastique.

Ⓣ **Type** père / pelle
Ⓖ **Groupes linguistiques** surtout les Asiatiques et les Anglo-Saxons.

Ⓓ **Définition**

Caractères communs à *r* et *l* :
– On entend le passage de l'air par la bouche.
– Les cordes vocales vibrent.

Différences entre *r* et *l* :
– *r* s'articule avec l'arrière du dos de la langue et la luette.
– *l* s'articule avec la pointe de la langue contre les dents supérieures avant.

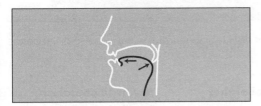 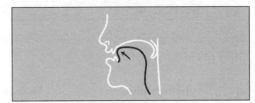

Ⓒ **Conseils pratiques**

Tous les exercices doivent être faits avec le miroir.

ⒺXERCICE 1

Au commencement du mot		*À la fin du mot*	
ris	**lis**	**mire**	**mille**
raie	**laid**	**terre**	**telle**
rein	**lin**	**Caire**	**quelle**
rat	**là**	**serre**	**celle**
rang	**lent**	**l'air**	**l'aile**
roue	loue	père	pelle
rond	long	barre	balle
rue	lu	fort	folle

ⒺXERCICE 2

par la porte	pour le soir	sur le tabouret	carrelé
par la cheminée	pour le matin	sur le fauteuil	parlez
par la fenêtre	pour le travail	sur le siège	sors-les
par la France	pour le professeur	sur le lit	Orly
par la force	pour le lundi	sur le toit	tord-le
par la radio	pour le cinéma	sur le bureau	Arlequin
par la mort	pour le théâtre	sur le livre	orlon
par la misère	pour le pays	sur le piano	par-là

EXERCICE 3

l + r

dans le rêve	une belle révélation	Relis-le !
dans le résultat	une belle réflexion	Réplie-le !
dans le respect	une belle réclame	Reloue-le !
dans le rapport	une belle reine	Relève-le !
dans le rang	une belle reprise	Relave-le !
dans le regret	une belle revue	Reloge-le !
dans le refus	une belle robe	Relance-le !
dans le rouge	une belle rose	Relie-le !

EXERCICE 4

Opposition de phrases dont le sens est différent et dont la phonétique ne varie que par l'absence ou la présence de *r* ou *l*.

Je vais chercher	**Je vais rechercher**	**Je vais le chercher**
Je vais trouver	**Je vais retrouver**	**Je vais le trouver**
Je vais préparer	**Je vais repréparer**	**Je vais le préparer**
Je vais donner	**Je vais redonner**	**Je vais le donner**
Je vais balayer	Je vais rebalayer	Je vais le balayer
Je vais démonter	Je vais redémonter	Je vais le démonter
Je vais chanter	Je vais rechanter	Je vais le chanter
Je vais saluer	Je vais resaluer	Je vais le saluer

PHRASES

Travailler avec le miroir.

Il est très difficile de se rappeler les lois.

Elle a répondu qu'elle ne croit pas pouvoir le faire.

J'espère qu'il lira les romans de Montherlant.

Il a lu dans la rue qu'il y aurait une grève.

Il faut améliorer le rendement de l'agriculture.

Je balayerai la galerie du premier étage.

Il est célibataire, il habite seul rue de Rivoli.

Elle ira à l'Opéra pour entendre « L'Arlésienne ».

Quand est-ce qu'il part le Président ?

Quand est-ce qu'il parle le Président ?

33 La liaison

Ⓓ Définition

Quand un mot se termine par une consonne habituellement non prononcée et que le mot suivant commence par une voyelle, quelquefois, la consonne finale se prononce au commencement du mot suivant. C'est un cas particulier de l'enchaînement.

Ⓕ Fautes à éviter

Faire la liaison quand elle est interdite.
Ne pas faire la liaison quand elle est obligatoire.

Ⓒ Conseils pratiques

Quand la liaison est interdite :
– Le premier mot peut se terminer phonétiquement par une voyelle. Dans ce cas, les deux mots subissent l'enchaînement vocalique (voir p. 12).

Exemple : *Le matin à sept heures*
Pas de liaison avec *n*, mais enchaînement des deux voyelles, ɛ et *a*.

– Le premier mot peut se terminer phonétiquement par une consonne prononcée. Dans ce cas, les deux mots subissent l'enchaînement consonantique (voir leçon 1, p. 8).

Exemple : *Elles sont grandes aussi.*
Le *au* de aussi est enchaîné au *d* de grandes.

Ⓔ XERCICE 1

Liaison interdite :

Avec un nom au singulier

J'ai le pied écorché	**C'est un enfant anémique**
Il a un galop irrégulier	**Du riz à l'eau, s'il vous plaît**
Mon nom est grec	Un monsieur a sonné
C'est un shampooing aux œufs	Le temps a changé
Le fusil est chargé	La paix est signée

Avec et · Avec h aspiré

Et alors ?	Et on attend !	**Ces hasards**
Et encore…	Et il ira	**Ces hauteurs**
Et ensuite ?	Et attention !	**Ces hors-d'œuvre**
Et où ça ira ?	Et elle viendra	**Ces haies**
Et elle ?	Vingt et un	**Ces huitièmes**
		Ces héros

Liaison également interdite avec les mots terminés par une nasale (voir leçon 10, p. 34).

ⒺXERCICE 2

Liaison obligatoire avec :

t

Un petit homme	Vingt ans	C'est à moi	Il est utile
Un petit avion	Vingt hommes	C'est à toi	Il est heureux
Un petit ami	Vingt heures	C'est à lui	Il est adorable
Un petit ange	Vingt années	C'est à elle	Il est amoureux
Un petit opéra	Vingt enfants	C'est à nous	Il est honnête

d devient t

Un grand homme	Quand elle viendra	Quand on veut
Un grand avion	Quand elle ira	Quand on peut
Un grand escroc	Quand elle saura	Quand on fait
Un grand orchestre	Quand elle lira	Quand on va
Un grand oiseau	Quand elle dira	Quand on a

Remarque : La consonne de liaison se prononce au commencement du mot commençant par une voyelle.

Exemple : quan t-est-ce que

Quand est-ce que vous viendrez ?

Quand est-ce que vous irez ?

Quand est-ce que vous pourrez ?

Quand est-ce que vous saurez ?

Quand est-ce que vous chanterez ?

Remarque : On ne fait pas la liaison avec le mot *quand* si celui-ci est adverbe interrogatif.

Exemples

Quand / y allez-vous ?   Quand / est-elle partie ?   Quand / aurez-vous la réponse

r

Le premier étage	Le dernier étage	Un léger affaissement
Le premier avril	Le dernier ascenseur	Un léger assourdissement
Le premier août	Le dernier enfant	Un léger embonpoint
Le premier essai	Le dernier espoir	Un léger accent
Le premier autobus	Le dernier autobus	Un léger accrochage
Le premier homme	Le dernier homme	Un léger ennui

Liaison obligatoire avec s qui devient z. (Refaire les exercices de la leçon 21, p. 64).

Liaison obligatoire avec n. (Refaire les exercices de la leçon 11, p. 35 à 37)

Liaison obligatoire avec f qui devient v avec les mots heures et ans.

Il est neuf heures juste	**Il a neuf ans**
Il est neuf heures et quart	**Il a dix-neuf ans**
Il est neuf heures et démie	Il a vingt-neuf ans
Il est neuf heures moins le quart	Il a trente-neuf ans

DEUXIÈME PARTIE

RYTHME
ET
INTONATION

L'intonation étudiée dans cette partie n'est pas donnée en fonction de toutes les intonations étrangères possibles. Il y a trop de variantes différentes et la plupart n'ont guère été étudiées jusqu'à ce jour. Le système intonatif est donc présenté en opposant les différents types mélodiques du français les uns par rapport aux autres. Le professeur, dont l'oreille est un peu exercée, saura aisément retrouver chez ses étudiants la faute caractéristique par rapport aux schémas mélodiques français indiqués.

Ⓓ Définition

L'accent tonique est l'accent normal du français, lorsqu'on parle sans émotion, sans affectation, sans insistance expressive. La voyelle qui reçoit l'accent est appelée *accentuée*. Les autres voyelles sont dites *inaccentuées*.

Ⓟ Place de l'accent tonique

L'accent tonique est toujours placé sur la *dernière voyelle prononcée*.

Exemple : Par**is**, Administra**tion**, Immens**ité**, Chocol**at**.

Quand un mot se termine par un *e* muet qui n'est pas prononcé, l'accent tonique est sur la voyelle avant l'*e* muet.

Exemple : **Ai**me, **En**tre, **Ta**ble, **Qua**tre, **Pre**nnent.

L'*e* muet final est accentué dans le seul cas du pronom personnel *le*.

Exemple : Prends-**le**, Mange-**le**, Donnez-**le** (voir p. 54).

Ⓐ Accent de mot et accent de groupe

Lorsqu'un mot entre dans un groupe, il perd son accent au profit du groupe. Comparez :

Mons**ieur**	Monsieur **Jean**	Monsieur Jean Dup**ont**
Dorm**ez**	Dormez **bien**	Dormez bien **vite**
Approch**ez**	Approchez-**vous**	Approchez-vous de **moi**

Ⓓ Détermination de l'accent de groupe

Les mots se groupent entre eux pour former ce qu'on appelle un « groupe rythmique ». *Un groupe rythmique est un groupe de mots qui représente une idée.* Il forme une unité de sens.

Exemple
Voulez-vous me donner / le gros dictionnaire / qui est sur la table ?
= 3 idées = 3 groupes rythmiques.
Pendant les vacances de Noël / j'irai faire du ski.
= 2 idées = 2 groupes rythmiques.

Le groupe peut être très court ou très long, selon le nombre de syllabes des mots employés.

Exemple
Je l'ai. Il pleut. Il fait exceptionnellement beau.

Ⓖ Groupe rythmique et groupe de souffle

Un groupe rythmique est essentiellement un groupe de mots terminé par un accent. Un groupe de souffle est composé d'un ou de plusieurs groupes rythmiques, terminé par une pause. Cette pause marque une délimitation importante pour le sens, indiquée par un signe de ponctuation (virgule, point, etc.) ou imposée par la longueur des groupes prononcés.

Ⓓ Déplacement de l'accent

Un groupe rythmique peut s'allonger par adjonction d'un ou plusieurs mots. L'accent tonique se déplace alors et l'intonation devient presque plate à l'intérieur du groupe, car, en devenant inaccentués, les mots précédemment accentués perdent leur intonation montante ou descendante.

ⒺXERCICE 1

Travailler avec l'enregistrement. Observer les changements d'intonation dus à l'allongement des groupes et au déplacement de l'accent tonique.

Une dame en robe *noire* a sonné.
Une dame en robe de soie *noire* a sonné à la *porte*.

Le *vase* est sur la *table*.
Le vase en porcelaine de *Chine* est sur la table du petit salon.

S'il y a des *roses* dans le jardin, tu m'en apporteras.
S'il y a des roses en bouton dans le jardin de grand-mère, tu m'en apporteras un bouquet.

Depuis un *mois*, il y a des touristes dans tous les hôtels.
Depuis le mois de juin, il y a beaucoup de touristes dans tous les hôtels de la *ville*.

On a mangé de la *soupe*, du rôti, de la salade, du fromage et des *fruits*.
On a mangé de la soupe à l'oignon, du rôti de bœuf, de la salade d'endive, du fromage blanc et une salade de fruits au kirsch.

35 La phrase énonciative

Ⓓ Définition

Toutes les phrases qui énoncent un fait, un jugement, une constatation, etc., sont des phrases énonciatives. Elles peuvent être affirmatives ou négatives.

Exemple
Il a plu du jeudi au samedi.
Il n'a pas plu du jeudi au samedi.

➲ Phrases à un seul groupe rythmique

Si, une phrase n'a qu'un seul groupe rythmique, cela implique qu'il n'y a pas de mot important à l'intérieur du groupe. Dans ce cas, l'intonation sera toujours correcte si on descend en escalier de syllabe en syllabe.

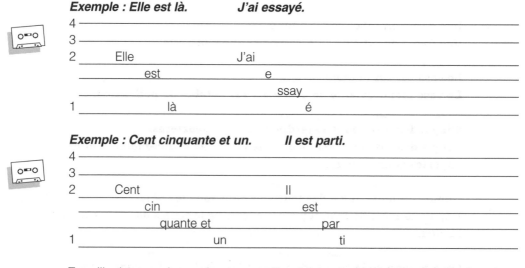

Exemple : Elle est là.   J'ai essayé.

4			
3			
2	Elle		J'ai
	est		e
			ssay
1	là		é

Exemple : Cent cinquante et un.   Il est parti.

4			
3			
2	Cent		Il
	cin		est
	quante et		par
1	un		ti

Travailler les exercices suivants avec l'enregistrement en tenant compte du rythme et de l'intonation descendante.

ⒺXERCICE 1

Rythme binaire : deux syllabes.

Mais oui.	J'espère.	C'est tout.	Derrière.
Il y est.	Allez.	Penses-tu.	Ça va.
Sans doute.	En route.	Il pleut.	Bientôt.
C'est vrai.	Faites vite.	Prends-le.	Peut-être.

ⒺXERCICE 2

Rythme ternaire : trois syllabes.

C'est à vous.	J'en veux un.	Prenez-la.	Par devant.
C'est à eux.	J'en veux deux	Donnez-la.	Jusque-là.
C'est à gauche.	J'en veux trois.	Mangez-la.	Derrière toi.
C'est à droite.	J'en veux quatre.	Mettez-la.	En arrière.

ⒺXERCICE 3

Rythme quaternaire : quatre syllabes.

J'ai oublié.	Il a perdu.	C'est un dîner.	Quatre-vingt-un.
J'ai pardonné.	Il a voulu.	C'est un dimanche.	Quatre-vingt-onze.
J'ai allumé.	Il a couru.	C'est un vieillard.	Cent vingt et un.
J'ai déjeuné.	Il a vendu.	C'est un fromage	Cent trente et un.

ⒺXERCICE 4

Rythme quinaire : cinq syllabes.

J'étais étudiant.	J'étais fatigué.
J'étais professeur.	J'étais abruti.
J'étais architecte.	J'étais endormi.
J'étais chirurgien.	J'étais très content.

Elle avait compris.	Il a oublié.
Elle avait admis.	Il a pardonné.
Elle avait souri.	Il a allumé.
Elle avait dormi.	Il a déjeuné.

➲ Phrases à plusieurs groupes rythmiques

Dans ce cas, on peut les considérer comme divisées en deux parties. D'abord une sorte de question, à la fin de laquelle se trouve le sommet de hauteur (c'est-à-dire la note musicale la plus haute), puis une sorte de réponse qui complète la première partie.

Exemple : *Elle est arrivée cⱥ matin.*

1. Elle est arrivée = question (quand ?)

2. cⱥ matin = réponse.

Exemple : *Elle est arrivée cⱥ matin par avion.*

1. Elle est arrivée cⱥ matin = question (comment ?)

2. par avion = réponse.

1. La phrase peut avoir deux groupes rythmiques.

Le sommet de hauteur est *toujours* à la fin du premier groupe.

Faire les exercices suivants en écoutant l'enregistrement. Le sommet de hauteur est marqué d'une flèche. Ne pas monter en escalier à l'intérieur du premier groupe.

ⓔXERCICE 5

Rythme binaire

Mais oui bien sûr.

Mais non voyons.

J'espère que non.

Peut-être ici.

Mais si c'est vrai.

Il vient mardi.

Faites-les ce soir.

Il croit que c'est faux.

Allez bien vite.

Partez tout de suite.

Vas-y mon vieux.

C'est tout ce qu'il y a.

Vraiment c'est beau.

Franchement c'est laid.

Dites-le maintenant.

Il vient demain soir.

ⓔXERCICE 6

Rythme trinaire

J'ai voulu l'essayer.

J'ai voulu l'attraper.

J'ai voulu l'apporter.

J'ai voulu l'imiter.

J'ai demandé du café.

J'ai demandé du thé chaud.

J'ai demandé du lait froid.

J'ai demandé du vin blanc.

J'ai acheté un chapeau.

J'ai acheté un manteau.

J'ai acheté des lunettes.

J'ai acheté des cigares.

Demain soir à huit heures.

C'est en haut au premier.

Il m'a dit qu'il viendra.

Charles viendra à la fête.

ⓔXERCICE 7

Rythme quarternaire

J'ai essayé de comprendre un peu.

J'ai essayé de les attraper.

J'ai essayé de cette façon-là.

J'ai essayé de l'intéresser.

Quand elle est là, tout va très bien.

Si j'avais su, j'aurais dit non.

L'été prochain, elle reste ici.

Il est revenu la semaine dernière.

Il est parti à huit heures trente.

C'est sa belle-sœur qui me l'avait dit.

Le téléphone n'a pas sonné.

Les étudiants sont au travail.

Leur examen est difficile.

J'ai oublié mon parapluie.

Il m'a prêté son dictionnaire.

Je n'ai pas voulu lui faire de peine.

❽XERCICE 8

Rythme quinaire

Il a oublié de me les rapporter.

Il a rapporté deux jolies statues.

Il a déjeuné avec sa famille.

Il a dépensé tout ce qu'il a gagné.

Elle ne l'a pas dit à tous ses collègues.

Elle ne l'a pas fait à cause de sa mère.

Elle ne l'a pas su au moment voulu.

Elle ne l'a pas vu quand il est passé.

Si vous voulez le faire, commencez maintenant.

Si vous voulez le voir, allez-y tout de suite.

Si vous voulez le prendre, ça lui fera plaisir.

Si vous voulez le bleu, ça vous ira mieux.

Elle avait donné un beau récital.

Elle avait avoué tout ce qu'elle avait fait.

Elle avait tourné autour de la place.

2. La phrase peut avoir trois ou quatre groupes rythmiques (parfois plus dans la conversation courante).

Le sommet en hauteur, c'est-à-dire la note musicale la plus haute, est soit à la fin du premier groupe, soit à la fin du deuxième groupe.

Exemple : *Je l'ai rencontré / à la bibliothèque / ce matin.*

a) 1. *Je l'ai rencontré* = question (dans quelles circonstances ?)

2. *À la bibliothèque ce matin* = réponse.

Dans cette interprétation, c'est le fait de la rencontre qui est le plus important. Le sommet de hauteur est alors sur la dernière voyelle de *rencon**tré**. (La syllabe finale du deuxième groupe monte aussi, mais moins).

On peut alors figurer ainsi le contour mélodique de cette phrase, d'après les différents **niveaux** atteints.

- **Départ (ton normal) :** niveau 2.
- **Sommet de hauteur :** niveau 3.
- **Finale :** niveau 1.

4	
3	tré thèque
2	**Je l'ai rencon** **à la biblio** **cœ ma**
1	tin

b) 1. *Je l'ai rencontré / à la bibliothèque* = question (quand ?)

    2. *Cœ matin* = réponse

Dans cette interprétation, c'est le lieu de rencontre, la bibliothèque, qui est le plus important. Le sommet de hauteur est alors sur la dernière voyelle de *bibliothèque*. (La syllabe finale du premier groupe monte aussi, mais moins).

4	
3	thèque
2	**Je l'ai rencontré à la biblio** **cœ ma**
1	tin

ⒺXERCICE 9

Travailler les exercices suivants avec l'enregistrement en remarquant le déplacement du sommet de hauteur. Veiller à ne pas monter en escalier à l'intérieur des groupes.

               1   2
Il vient demain avec sa femme et se deux filles.*

     1   2
C'est lui qui s'en est aperçu dès le premier jour.

       1   2
Si j'avais su, j'aurais dit non à cause de lui.

          1   2
Je n'ai pas voulu lui faire de peine parce que je l'aime bien.

           1   2
La catastrophe aérienne s'est produite dans l'Atlantique, au large des Açores.

              1   2
Elle n'a pas répondu à la question quœ vous lui aviez posée la sœmaine dernière.

        1   2
L'été prochain, jœ resterai là pour travailler.

      1   2
Il est vœnu la sœmaine dernière voir mes parents.

              1   2
L'examen dœ première année qu'ils sont en train dœ passer est très difficile.

         1   2
C'est un sujet si intéressant que j'ai abandonné tout lœ reste pour m'y consacrer.

---

* Le premier sommet de hauteur possible est marqué du chiffre 1 et le deuxième du chiffre 2. L'enregistrement observe le même ordre.

36 La phrase interrogative

Ⓓ Définition

La phrase interrogative pose une question. Elle peut être positive ou négative.

Ⓓ Différentes phrases interrogatives

Il faut distinguer, pour l'intonation, plusieurs types de phrases interrogatives.

➲ Phrase interrogative à syntaxe énonciative

Une phrase de syntaxe énonciative peut devenir interrogative ; graphiquement on ajoute un point d'interrogation, phonétiquement la mélodie est transformée.

Exemple : *Ils vont au cinéma.*

	Énonciative		*Interrogative*
4	_____	4	_____ *ma ?*
3	*vont*	3	*Ils vont au ciné*
2	*Ils au ciné*	2	_____
1	_____ *ma*	1	_____

Contour mélodique

montée + descente   montée seule
question + réponse   question

ⒺXERCICE 1

Travailler avec l'enregistrement en suivant le contour mélodique ci-dessus. Répétez alternativement après l'enregistrement les phrases énonciatives et interrogatives.

Vous avez la clé.   **Vous avez la clé ?**

Il est parti hier soir.   **Il est parti hier soir ?**

Elle est chez vous.   **Elle est chez vous ?**

C'est fini.   **C'est fini ?**

C'est lui qui a gagné.   C'est lui qui a gagné ?

Ça se mange comme dessert.   Ça se mange comme dessert ?

Il a encore plu.   Il a encore plu ?

Tu passeras la prendre.   Tu passeras la prendre ?

⊃ Phrases interrogatives avec inversion

Il y a plusieurs façons de dire une phrase interrogative avec inversion. Mais il est toujours correct de mettre le sommet de hauteur *à la fin de l'inversion*. Ensuite, il faut descendre en escalier et remonter très légèrement sur la dernière syllabe de la phrase interrogative.

Exemple : *Avez-vous mon stylo ?*

```
4 _____vous_____
3 Avez-_____mon_____
2 _____lo ?___
1 _____sty____
```

Noter qu'il n'y a pas de pause entre *vous* et *mon*.

❷XERCICE 2

Travailler avec l'enregistrement en suivant la courbe graphique ci-dessus.

Avez-vous la clé ? ↗ ↗

Allez-vous au cinéma ? ↗

Travaillez-vous à la bibliothèque ? ↗

Voulez-vous du lait ? ↗

As-tu rapporté du pain ? ↗

As-tu besoin du dictionnaire?

Prends-tu du café maintenant ? ↗

Sors-tu dimanche après-midi ? ↗

⊃ Phrases interrogatives avec adverbe interrogatif à l'initiale

Il y a plusieurs façons de dire une phrase interrogative avec adverbe interrogatif. Mais il est toujours correct de mettre le sommet de hauteur sur la fin de l'adverbe interrogatif. Ensuite, il faut descendre en escalier et remonter très légèrement sur la dernière syllabe de la phrase interrogative.

Exemple : *Comment avez-vous fait ça ?*

```
4 _____mment_____
3 _Co_____a_____ça____
2 _____vez-vous fait____?__
1 _____
```

③XERCICE 3

Travailler avec l'enregistrement en suivant la courbe graphique ci-dessus.

Comment l'as-tu connu ?   **Pourquoi la regardez-vous ?**

Comment l'as-tu vendu ?   **Pourquoi la cherchez-vous ?**

Comment l'as-tu trouvé ?   **Pourquoi la demandez-vous ?**

Comment l'as-tu emmené ?   Pourquoi la rappelez-vous ?

Comment l'as-tu rappelé ?   Pourquoi la donnez-vous ?

Comment l'as-tu donné ?   Pourquoi la servez-vous ?

Comment l'as-tu acheté ?   Pourquoi la poussez-vous ?

Comment l'as-tu porté ?   Pourquoi la portez-vous ?

Pas de liaison avec *combien* et *quand* interrogatifs.

Combien en prend-il ?   **Quand ira-t-elle ?**

Combien en faut-il ?   **Quand mangera-t-elle ?**

Combien en fait-il ?   **Quand dînera-t-elle ?**

Combien en compte-t-il ?   Quand passera-t-elle ?

Combien en donne-t-il ?   Quand travaillera-t-elle ?

Combien en reçoit-il ?   Quand sortira-t-elle ?

Combien en possède-t-il ?   Quand étudiera-t-elle ?

Combien en pose-t-il ?   Quand parlera-t-elle ?

Où va-t-on ?

Où passe-t-on ?

Où dort-on ?

Où chante-t-on ?

Où danse-t-on ?

Où mange-t-on ?

Où boit-on ?

➲ Phrases interrogatives avec pronom interrogatif à l'initiale

Il y a plusieurs façons de dire une phrase interrogative avec pronom interrogatif. Mais il est toujours correct de mettre le sommet de hauteur sur la fin du pronom interrogatif. Ensuite, il faut descendre un escalier et remonter très légèrement sur la dernière syllabe de la phrase interrogative. C'est le même processus que pour la phrase interrogative avec adverbe.

Exemple : *Lequel as-tu choisi ?*

4 __quel_____

3 Le_____as_____

2 _____-tu____si ?

1 _____choi___

ⒺXERCICE 4

Écouter l'enregistrement et répéter en suivant la courbe graphique ci-dessus.

Lequel préférez-vous ?   **Qui leur a parlé ?**

Lequel connaissez-vous ?   **Qui leur a raconté ?**

Lequel voulez-vous ?   **Qui leur a téléphoné ?**

Lequel donnez-vous ?   **Qui leur a expédié ?**

Lequel vendez-vous ?   Qui leur a apporté ?

Lequel choisissez-vous ?   Qui leur a donné ?

Lequel poussez-vous ?   Qui leur a changé ?

Lequel apportez-vous ?   Qui leur a envoyé ?

➲ Phrases avec adverbes ou pronoms interrogatifs au milieu

L'adverbe et le pronom interrogatif ne sont pas toujours au commencement d'une phrase interrogative. Leur présence entraîne toujours l'inversion du sujet et du verbe.

Avec l'adverbe, l'inversion est avant ; le sommet de hauteur peut donc être, soit sur la fin de l'inversion, soit sur le mot interrogatif lui-même.

Exemple : *Avez-vous dit où vous voulez le faire ?*

Cette phrase peut être dite avec le sommet de hauteur sur *vous* (fin de l'inversion) ou sur *où* (adverbe interrogatif).

Avec le pronom, l'inversion est après ; le sommet de hauteur est donc sur le pronom.

Exemple : *Avec qui sort-elle ?*

Le sommet de hauteur est sur *qui* pronom interrogatif.

EXERCICE 5

Pouvez-vous me dire où ça se joue ?

Savez-vous quand il reviendra ?

Vous a-t-il dit quand il fera sa conférence ?

Avez-vous expliqué comment on les fabrique ?

A-t-il écrit dans son roman comment il l'a rencontré ?

A-t-elle dit pourquoi il a peur ?

Savez-vous pourquoi il est venu ?

As-tu dit combien il t'en fallait ?

EXERCICE 6

Pour qui l'as-tu demandé ?

Sur qui comptez-vous ?

En quoi est-ce fait ?

En quoi lui donnez-vous tort ?

Pour quoi l'avez-vous préparé ?

Avec lesquels travaillerez-vous ?

Dans lequel allez-vous le mettre ?

Remarque : L'adverbe et le pronom interrogatif peuvent être employés isolés

Exemple : « *J'ai rencontré Jean.*
— *Où ?* »

Dans ce cas, le mot interrogatif peut être dit sur un ton descendant ou sur un ton montant.

Si la phrase sur laquelle porte la question ne contient pas de complément de la même catégorie que l'adverbe (complément de lieu pour *où*, complément de temps pour *quand*, complément d'objet direct pour *qui*, etc.), l'adverbe pose une véritable question et le ton baisse.

Exemple : « *J'ai rencontré Jean.* (sans complément de lieu)
— *Où ?* »

Si au contraire, la phrase sur laquelle porte la question, contient un complément de la même catégorie que l'adverbe (ici, complément de lieu), l'adverbe ne marque plus une question mais une sorte de surprise, de doute, d'incompréhension ou d'insistance, et le ton monte.

Exemple : « *J'ai rencontré Jean en Hollande.* (en Hollande = complément de lieu*)*
— *Où ?*

EXERCICE 7

Travailler les phrases suivantes en opposant l'intonation des adverbes et adjectifs répondant à des phrases énonciatives de constructions différentes.

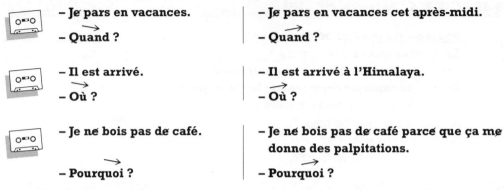

– Je pars en vacances. | – Je pars en vacances cet après-midi.
– Quand ? | – Quand ?

– Il est arrivé. | – Il est arrivé à l'Himalaya.
– Où ? | – Où ?

– Je ne bois pas de café. | – Je ne bois pas de café parce que ça me donne des palpitations.
– Pourquoi ? | – Pourquoi ?

Remarque : Noter que l'adverbe qui baisse, commence sur un ton plus haut que celui qui monte.

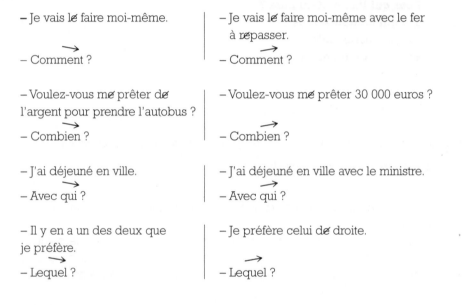

– Je vais le faire moi-même. | – Je vais le faire moi-même avec le fer à repasser.
– Comment ? | – Comment ?

– Voulez-vous me prêter de l'argent pour prendre l'autobus ? | – Voulez-vous me prêter 30 000 euros ?
– Combien ? | – Combien ?

– J'ai déjeuné en ville. | – J'ai déjeuné en ville avec le ministre.
– Avec qui ? | – Avec qui ?

– Il y en a un des deux que je préfère. | – Je préfère celui de droite.
– Lequel ? | – Lequel ?

➲ Phrases interrogatives avec adjectif interrogatif

Comme pour les phrases interrogatives avec adverbes ou pronoms interrogatifs, le sommet de hauteur peut dans ce cas être sur l'adjectif interrogatif. Mais tandis que l'adverbe ou le pronom peuvent être indépendants, l'adjectif, lui, est toujours lié à un mot qu'il accompagne, et c'est ce mot qui porte l'accent tonique. Il faut donc monter sur l'adjectif, mais faire la dernière syllabe du mot qu'il accompagne plus longue, tandis que l'adjectif est bref.

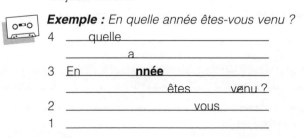

Exemple : *En quelle année êtes-vous venu ?*

4   quelle
                a
3 En   **nnée**
              êtes   venu ?
2   vous
1

❸XERCICE 8

Travailler les phrases suivantes avec l'enregistrement, en faisant attention de ne pas frapper l'adjectif interrogatif d'un accent de force.

Quelle *heure* est-il ?
Quel *jour* sommes-nous aujourd'hui ?
Quelle est la *date* aujourd'hui ?
Quel *âge* a-t-il ?
C'est quelle é**quipe** qui a gagné ?
Quelles sont les conditions d'admis**sion** ?
Quel **train** prenez-vous ?
Avec quel ar**gent** va-t-il payer ?

⊃ Phrases interrogatives avec *Est-ce que* et *Qu'est-ce que*

Il y a plusieurs façons de dire une phrase interrogative avec *Est-ce que* et *Qu'est-ce que*. Mais il est toujours correct de mettre le sommet de hauteur sur le *que* final de ces expressions. Ensuite, il faut descendre en escalier et remonter très légèrement sur la dernière syllabe de la phrase interrogative.

Exemple : *Est-ce que vous l'avez acheté ?*

```
4           que
3               vous
    Est-ce         l'a
2                   vez         té ?
1                       ache
```

Exemple : *Qu'est-ce que j'en ai fait ?*

```
4
3           que
    Qu'est-ce       j'en
2                   fait ?
                    ai
1
```

❸XERCICE 9

– Faire attention de ne pas frapper d'un accent de force le début de l'expression *Est-ce que* et *Qu'est-ce que*, qui n'est pas fort.
– Vérifier la position arrondie des lèvres pour le *e* de *que*.

Est-ce que vous l'avez vue ?
Est-ce que c'est demain ?
Est-ce que son fils est parti ?
Est-ce que le facteur est passé ?
Est-ce que vous avez du pain ?
Est-ce que sa mère est rétablie ?
Est-ce que la radio l'a annoncé ?
Est-ce que les journaux sont parus ?

Qu'est-ce que vous lui avez dit ?
Qu'est-ce que tu décides ?
Qu'est-ce que son frère demande ?
Qu'est-ce que la maîtresse a répondu ?
Qu'est-ce que tu veux ?
Qu'est-ce que tu cherches ?
Qu'est-ce que j'en ai fait ?
Qu'est-ce que sa mère à commandé ?

⊃ En résumé

Dans une phrase interrogative, il est toujours possible et correct de mettre le sommet de hauteur sur le mot qui exprime l'interrogation. Ensuite, il faut descendre en escalier pour remonter un peu à la dernière voyelle.

Cela ne veut pas dire que tous les Français « expriment » toujours l'interrogation de cette façon. Mais la plupart du temps les autres intonations qui mettent le sommet de hauteur sur un autre mot que celui qui porte l'interrogation, impliquent une pensée spéciale du sujet parlant. Ceci sera traité au chapitre de la phrase *implicative*.

37 La phrase impérative

Ⓓ Définition

La phrase impérative est employée pour donner un ordre. Du point de vue grammatical, elle se construit avec la forme impérative. Il y a plusieurs façons de dire une phrase impérative, mais il est toujours correct de commencer assez haut pour descendre ensuite en escalier jusqu'à la fin. Cette intonation est logique, puisque le sommet de hauteur se trouve sur le premier mot, qui est toujours, à la forme impérative, le verbe qui contient l'ordre.

Exemple : *Apportez-moi une carafe d'eau, s'il vous plaît.*

```
4   A
3   ___ ppor
                    tez
                         moi
2                        une
                              ca
1                              ra
                                 fø
                                    d'eau
                                        s'il vous
                                                plaît
```

Ⓔ XERCICE 1

Donnez-moi le dictionnaire, s'il vous plaît.

Montez-nous deux petits déjeuners, s'il vous plaît.

Préparez-moi trois sandwiches, Mademoiselle, s'il vous plaît.

Tapez-moi cette lettre tout de suite, s'il vous plaît.

Appelez Police-Secours.

Prenez l'autobus sur la place.

Taxi, conduisez-moi à la gare, s'il vous plaît.

Dépêche-toi d'aller à la poste.

Téléphonez immédiatement à l'hôpital.

Envoyez-nous la réponse le plus vite possible.

Ⓔ XERCICE 2

Quelquefois, le verbe est sous-entendu et on n'énonce que le complément. L'intonation reste la même que dans le cas précédent.

Exemple : *Une bière, s'il vous plaît.*

```
4   Une
3       bière
2           s'il
1               vous plaît.
```

Un apéritif et un jus de fruit, s'il vous plaît.

Un kilo de pommes, s'il vous plaît.

Une baguette et deux croissants, s'il vous plaît.

Le plein, s'il vous plaît, Monsieur.

Le couvert, vite !

Un shampooing et un brushing, s'il vous plaît.

Deux menus à douze euros cinquante, s'il vous plaît.

Trois places à l'orchestre, s'il vous plaît.

Ⓓ Définition

Une phrase implicative peut avoir n'importe quelle forme déjà étudiée, mais son intonation exprime une nuance, une idée, un aspect de la pensée, qui n'est pas exprimé par le vocabulaire ou la syntaxe.

Les phrases énonciatives, interrogatives et impératives vues dans les chapitres précédents ont été étudiées et travaillées sans interprétation personnelle. Chacune d'elles peut être reprise et dite d'une façon personnelle. Chacune d'elles peut être reprise et dite d'une façon complètement différente, selon ce que le sujet parlant a en tête.

Exemple : J'ai essayé.

L'intonation normale de cette phrase énonciative à un groupe rythmique est descendante, avec une dénivellation très petite. Mais on peut aussi la dire tout autrement. Par exemple, si on implique « Je vous répète que j'ai tout fait pour y arriver ! », on peut partir sur un ton assez bas et monter assez haut.

```
4 _____ é
3 _____ ssay_
2 ____ e
1 J'ai_____
```

Si on implique « Ça n'a donné aucun résultat et c'est bien triste », on peut mettre le sommet de hauteur sur le premier *e* de *essayer* et descendre ensuite.

```
4 _____
3 ____ e
2 _____ ssay_
  J'ai_____
1 _____ é
```

Si on implique « Ce n'est pas vrai, je n'ai jamais fait ça ! », on monte sur l'avant-dernière voyelle de la phrase, ici sur le *say* de *essayer*.

```
4 ____ ssay_
3 _____
2 ___ e
  J'ai     é
1 _____
```

Il y a une quantité infinie de possibilités. Tout le travail des acteurs est là. Étant donné le peu de renseignements scientifiques que nous avons sur cette partie de l'intonation, il faut s'en tenir à l'imitation.

EXERCICE 1

Phrases énonciatives implicatives.

Mais oui ! *(Impatience.)*

Bien sûr ! *(Lassitude.)*

J'ai oublié ! *(Ça me revient seulement maintenant.)*

Quatre-vingt-un ! *(Ce n'est pas possible.)*

Je suis fatigué ! *(Vous ne pouvez pas imaginer)*

Elle avait avoué ! *(Non vraiment ?)*

Il a oublié... *(Comme toujours !)*

Oui, elle est arrivée ce matin ! *(Enthousiasme).*

Si j'avais su, j'aurais dit non... *(Vous pensez bien.)*

Je n'ai pas voulu lui faire de peine... *(C'est pour ça.)*

Il a dépensé tout ce qu'il a gagné ! *(C'est scandaleux !)*

Je l'ai rencontré à la bibliothèque ce matin... *(Ce n'est pourtant pas dans ses habitudes.)*

Elle n'a pas répondu à la question que vous lui avez posée la semaine dernière... *(Elle en était bien incapable.)*

Il va au Mexique... *(Ça m'étonnerait.)*

EXERCICE 2

Phrases interrogatives implicatives.

Ils vont au cinéma ? *(La veille de leur examen, quelle horreur !)*

Vous avez la clé ? *(C'est bien sûr.)*

Comment la trouvez-vous ? *(Je vous avais bien dit qu'elle était formidable !)*

Pourquoi l'as-tu gardé ? *(Puisque tu n'en voulais pas !)*

Combien serez-vous de personnes ? *(Pour un simple mariage ! c'est de la folie.)*

Et quand travaille-t-elle ? *(Jamais, vous le savez bien.)*

Où allez-vous ? *(Je le sais bien, mon cher !)*

Lequel voulez-vous ? *(Prenez celui que vous voulez et qu'on en finisse !)*

Qui y a pensé ? *(C'est moi, comme toujours !)*

Avec quel argent va-t-il payer ? *(J'aimerais bien le savoir moi !)*

Qu'est-ce que j'en ai fait ? *(Je n'en ai aucune idée.)*

Est-ce que vous l'avez vu ? *(Avec cet affreux chapeau !)*

Qu'est-ce que vous lui avez dit ? *(Pour la mettre dans un état pareil !)*

Est-ce que la radio l'a annoncé ? *(Non ? bon, alors il n'y a pas de vacances.)*

Le téléphone n'a pas sonné ? *(Il me semble l'avoir entendu.)*

ⒺXERCICE 3

Phrases impératives implicatives.

Donnez-moi le dictionnaire, s'il vous plaît ! *(Je n'ai pas confiance en votre savoir.)*

Prenez l'autobus de la place ! *(C'est bien simple.)*

Dépêche-toi d'aller à la poste… *(Voilà 1 h que je t'en parle.)*

Un kilo de pommes, s'il vous plaît… *(S'il y en a encore.)*

Trois places à l'orchestre, s'il vous plaît… *(Vous êtes sourde ou idiote ?)*

Appelez Police-Secours ! *(C'est tout ce qu'il y a à faire.)*

Deux menus à… 12,50, s'il vous plaît… *(On n'est pas très décidé.)*

Un apéritif et un jus de fruits, s'il vous plaît… *(Ça fait la quatrième fois que je le demande !)*

ⒺXERCICE 4

Phrases exclamatives

Ces phrases sont des phrases implicatives dont l'implication est exprimée orthographiquement par un point d'exclamation à la fin de la phrase. La phrase exclamative peut avoir deux formes tout à fait opposées.

– Elle peut commencer très haut pour descendre très bas, en escalier, jusqu'à la dernière syllabe. En général, cette forme commence par un mot exclamatif. Elle exprime souvent la tristesse, le respect, la tendresse, l'horreur, etc…

Quelle misère d'en être là !
Que c'est beau !
Quel homme c'était !
Comme c'est gentil !
Qu'est-ce que c'est que cette histoire !
Pourquoi se donner tant de mal !
Quelle horreur !
Qu'il est mignon !

– Elle peut commencer sur un ton normal et monter assez haut. En général, cette forme ascendante exprime l'enthousiasme, l'optimisme, la gaieté, ou quelquefois un sentiment violent, comme la colère. Le plus souvent, elle ne commence pas par un mot exclamatif.

Mais c'est formidable !
C'est magnifique !
On y va tout de suite !
C'était un homme !
Elle est tellement drôle !
Commencez le premier !
J'en ai assez !
Je suis contente !

➲ L'intonation et la syntaxe

Les caractères essentiels de l'intonation française ont été dégagés dans le chapitre précédent. Mais, comme pour l'articulation, chaque nationalité applique au français les caractéristiques de son intonation nationale. En général, on retrouve les mêmes types de fautes. Néanmoins, il faut établir deux grandes catégories :

– Les étudiants dont la langue est *l'anglais, l'allemand, l'espagnol, l'italien, le roumain, les langues slaves, finno-hougrienne, grecque, scandinave.*

Pour eux, les fautes seront souvent, soit des fautes d'accent tonique, soit d'intonation à l'intérieur des groupes rythmiques. Ces fautes trahiront leur langue d'origine, mais n'entraveront pas la compréhension.

– Les étudiants dont la langue est *africaine, asiatique, indienne ou océanienne.*

Leur système d'intonation est si différent de celui du français, qu'appliqué à notre langue, celle-ci devient incompréhensible. Il est essentiel pour eux de comprendre que l'unité intonative en français est *le groupe d'idée* et, par conséquent, que l'intonation est très solidaire de la construction grammaticale. Dans les chapitres suivants seront travaillés différents points d'intonation liés à la grammaire, et qui donnent toujours plus ou moins de difficultés aux professeurs.

Néanmoins, les leçons suivantes présenteront des exercices pratiques dont les différents aspects seront valables pour tous les groupes linguistiques.

39 Les noms

Un groupe de mots formant une idée et ayant une fonction grammaticale globale n'a qu'un seul accent tonique et forme un seul groupe rythmique. Par exemple, dans un mot composé comme « tour Eiffel » qui, dans la phrase suivante, est un complément d'objet direct :

Exemple : *On voit la tour Eiffel longtemps avant d'arriver à Paris.*

Le mot *tour* n'est qu'une syllabe inaccentuée du mot « tour Eiffel », qui se prononce exactement comme s'il était écrit en un seul mot « toureiffel », parce qu'il représente une seule idée et un élément grammatical complet.

EXERCICE 1

Travailler les phrases suivantes avec l'enregistrement, en veillant à ne mettre qu'un seul accent tonique sur le mot composé et à la fin de celui-ci.

Je serai aux Champs-Élysées à deux heures cet après-midi.

Il y a beaucoup de gratte-*ciel* aux États-Unis.

Il me faut le tire-bou*chon* pour ouvrir cette bouteille.

J'ai laissé mon porte-ciga*rettes* dans ma chambre.

Le garde-bar*rière* ferme le passage à niveau.

J'ai retenu ma place à Air-**France**.

Il est professeur dans une école de sourds-**muets**.

C'est le concierge qui a le passe-par**tout**.

Cette tradition remonte au Moyen-**Âge**.

Vous n'avez qu'à acheter un compte-**gouttes**.

EXERCICE 2

Les noms propres composés d'un prénom et d'un nom de famille, de plusieurs prénoms ou de plusieurs noms, ne portent qu'un seul accent tonique aussi.

Jean-Paul Sartre est un philosophe français.

Catherine de Médicis était la femme d'Henri II.

Saint-Exupéry est l'auteur du *Petit Prince*.

Avez-vous lu les théories de l'évolution dans « la Vie » de Jean Rostand ?

La Comédie Française a monté plusieurs pièces de Victor Hugo.

EXERCICE 3

Les appellations et les titres font corps avec le nom qu'ils accompagnent, et c'est la fin du groupe qui porte l'accent tonique.

Saint Vincent de Paul a fondé la congrégation des Filles de la Charité.

Le secrétaire Jean Pardot vous recevra demain.

Le général de Gaulle a rallié les forces françaises libres en juin 1940.

C'est le président-directeur général Pierre Durand qui posera la première pierre du nouveau groupe scolaire.

EXERCICE SPÉCIAL POUR LES ANGLOPHONES

Les mots qui existent dans les deux langues sous la même forme sont souvent dits avec un déplacement d'accent tonique.

impression	**gouvernement**	**servilité**	**atomique**
relation	**appartement**	**sensibilité**	**chimique**
frustration	**dictionnaire**	**sensualité**	**arsenic**
nation	**salaire**	**radio**	médecine
passion	**éventualité**	**directeur**	artiste
national	**sérénité**	**physique**	pacifique

EXERCICE 5

Les noms suivis d'un complément se comportent comme les noms composés. L'accent tonique se place à la fin du groupe, excepté s'il est final. Dans ce cas, il descend en escalier.

Le train de Paris a cinq minutes de retard.

La concierge du lycée m'a renvoyé mon courrier.

Ses boucles d'oreilles sont très anciennes.

La foire de Strasbourg a lieu tous les ans, à la même époque.

C'est un homme d'affaires très occupé.

Envoyez-moi tout de suite un extrait de naissance.

Il faut lui écrire une lettre de condoléances.

Je l'ai vu lui donner une poignée de main.

Donnez-moi votre numéro de téléphone.

Il faut écrire au rédacteur du journal.

ⓔXERCICE 6

Les noms suivis ou précédés d'un adjectif se comportent aussi comme un seul mot. Par exemple « une jolie robe » et « une robe longue » sont deux groupes de même valeur. Les deux expressions porteront un seul accent tonique sur leur dernière syllabe. Selon leur place dans la phrase, cet accent tonique montera (au milieu de la phrase) ou descendra (à la fin de la phrase).

*Exemple : **Une jolie robe n'est pas forcément chère.***

Une jolie robe : sujet (article + adjectif + nom) au milieu de la phrase : le ton monte.

*Exemple : **Ce n'est pas forcément cher une jolie robe.***

Une jolie robe : sujet réel (article + adjectif + nom) à la fin de la phrase : le ton descend.

*Exemple : **Une robe longue n'est pas forcément chère.***

Une robe longue : sujet (article + nom + adjectif) au milieu de la phrase : le ton monte.

*Exemple : **Ce n'est pas forcément cher une robe longue.***

Une robe longue : sujet réel (article + nom + adjectif) à la fin de la phrase : le ton descend.

On peut conclure, d'après ces phrases, que l'accent tonique monte ou descend, selon sa place dans la phrase. Et c'est selon l'importance qu'on lui donnera dans la phrase qu'il montera plus ou moins haut.

C'est cette jeune fille-là qui m'a répondu.

Je ne connais pas cette jeune fille-là.

Ils habitent dans une grande maison à la campagne.

Ils habitent à la campagne dans une grande maison.

Ce musée est remarquablement bien installé.

Il est remarquablement bien installé ce musée.

Leurs fils aîné est très intelligent.

Il est très intelligent leur fils aîné.

Les souverains voisins sont venus en dix-neuf cent quatre vingt dix neuf.

C'est en dix-neuf cent quatre vingt dix neuf que sont venus les souverains voisins.

Le pronom peut être tonique ou atone, selon sa fonction et sa place par rapport au verbe.

⊃ Le pronom tonique et le pronom atone de la même personne ont une forme différente

Exemples

Je ne sais pas   →   *je* est un pronom atone.

Il me l'a dit   →   *me* est un pronom atone.

Venez avec moi   →   *moi* est un pronom tonique.

Cette différence de forme facilite le moyen de déterminer l'intonation :
- S'il est *final*, un pronom tonique descend.
- S'il n'est pas *final*, un pronom tonique *monte*.
- Quelle que soit sa position, un pronom *atone* est *plat*.

ℰXERCICE 1

C'est à moi de commencer.

C'est à toi de commencer.

C'est à lui de commencer.

C'est à elle de commencer.

C'est à nous de commencer.

C'est à vous de commencer.

C'est à eux de commencer.

C'est à elles de commencer.

Il est venu avec moi.

Il est venu avec toi.

Il est venu avec lui.

Il est venu avec elle.

Il est venu avec nous.

Il est venu avec vous.

Il est venu avec eux.

Il est venu avec elles.

Mes amis me reçoivent.

Mes amis te reçoivent.

Mes amis le reçoivent.

Mes amis la reçoivent.

Mes amis nous reçoivent.

Mes amis vous reçoivent.

Mes amis les reçoivent.

Il me voit.

Il te voit.

Il le voit.

Il la voit.

Il nous voit.

Il vous voit.

Il les voit.

⊃ Le pronom tonique et le pronom atone d'une même personne ont la même forme

Exemple : *Il le cherche* (atone). – *Cherche-le tout de suite* (tonique).

Pour l'intonation, ils suivent les mêmes règles énoncées précédemment pour les pronoms qui ont des formes différentes :

– Le pronom est tonique final, le ton descend.
– Le pronom est tonique non final, le ton monte.
– Le pronom est atone, le ton est plat.

---

❷XERCICE 2

Il le cherche tout de suite.   **Cherche-le tout de suite.**

Il le promène tout de suite.   **Promène-le tout de suite.**

Il le conduit tout de suite.   **Conduis-le tout de suite.**

Il le prend tout de suite.   Prends-le tout de suite.

Il le cache tout de suite.   Cache-le tout de suite.

Il le lit tout de suite.   Lis-le tout de suite.

Il le dit tout de suite.   Dis-le tout de suite.

Il le fait tout de suite.   Fais-le tout de suite.

Cherche-le.   Cache-le.

Mange-le.   Lis-le.

Bois-le.   Dis-le.

Prends-le.   Fais-le.

Remarque : L'intonation des pronoms *le* tonique et atone est la même pour les autres pronoms : *la, nous, vous, les.*
Exemple : *Il la cherche tout de suite – Cherche-là tout de suite – Cherche-la.*

---

❸XERCICE 3

La forme du pronom peut changer avec la catégorie du verbe. Par exemple : « je *le* trouve » mais « je *lui* parle ». Dans ces deux cas, le pronom est atone et dit sur un ton plat. Mais tout comme le pronom *le*, le pronom *lui* peut aussi être tonique.
Exemple : *Elle* lui *écrit tous les jours* (atone). – *C'est lui qui écrit* (tonique).

Paul lui prépare le café.   **C'est lui qui prépare le café.**

Paul lui raconte une histoire.   **C'est lui qui raconte une histoire.**

Paul lui lit le journal.   **C'est lui qui lit le journal.**

Paul lui fait des gâteaux.   C'est lui qui fait des gâteaux.

Paul lui donne des bonbons.   C'est lui qui donne des bonbons.

Paul lui joue du piano.   C'est lui qui joue du piano.

Paul lui cède sa place.   C'est lui qui cède sa place.

Paul lui prête de l'argent.   C'est lui qui prête de l'argent.

C'est lui qui lui prépare le café.

C'est lui qui lui raconte une histoire.

C'est lui qui lui lit le journal.

Remarque : On peut refaire l'exercice avec les pronoms toniques et atones : *nous, vous.*

EXERCICE 4

Les pronoms et les adjectifs *nôtre, vôtre, notre* et *votre* méritent une mention spéciale. Le timbre, la longueur et le ton changent selon la catégorie grammaticale à la quelle ils appartiennent.

Pronoms	Adjectifs
nôtre, vôtre	*notre, votre* + nom
– Timbre : *o* fermé. Lèvres très arrondies.	– Timbre *o* ouvert. Lèvres peu arrondies.
– Longueur : plus long que les autres voyelles.	– Longueur normale.
– Intonation : final : descendant ; non final : montant.	– Intonation plate.

Le traitement de la syllabe finale *tre* varie selon que le mot suivant commence par une consonne ou une voyelle.

Pronom + consonne : *tr* + *e* muet final, prononcé sur un ton beaucoup plus bas.

C'est le nôtre qui avance.   **C'est le vôtre que je préfère.**

C'est le nôtre qui perd.   **C'est le vôtre que je connais.**

C'est le nôtre qui essaye.   **C'est le vôtre que je veux.**

C'est le nôtre qui gagne.   C'est le vôtre que je cherche.

C'est le nôtre qui part.   C'est le vôtre que je demande.

C'est le nôtre qui arrive.   C'est le vôtre que je prends.

C'est le nôtre qui pousse.   C'est le vôtre que je lis.

Remarque : Dans le français familier le *r* + *e* muet final tombe.

Pronom + voyelle : e muet final ne se prononce pas, la *consonne finale* + *r* passent à l'initiale du mot suivant (*cf.* leçon 1 sur l'enchaînement consonantique, p. 8) et se prononcent beaucoup plus bas.*

Le nôtré a avancé.

Le nôtré a gagné.

Le nôtré a perdu.

Le nôtré a essayé.

Le nôtré est parti.

Le nôtré est arrivé.

Le nôtré est caché.

Le nôtré est tiré.

Le vôtré est bien.

Le vôtré est là.

Le vôtré ira.

Le vôtré attend.

Le vôtré entend.

Le vôtré a tort.

Le vôtré a raison.

Le vôtré arrive.

⑤XERCICE 5

Adjectif + consonne : tr + e muet final, se prononce sur le même ton plat que les syllabes *no* et *vo*.

C'est notre fille.

C'est notre fils.

C'est notre chien.

C'est notre maison.

C'est notre train.

C'est notre journal.

C'est notre bureau.

C'est notre jardin.

Chez votre mère.

Chez votre père.

Chez votre frère.

Chez votre sœur.

Chez votre tante.

Chez votre coiffeur.

Chez votre professeur.

Chez votre directeur.

Remarque : Dans le français familier le *r* + *e* final tombe.*

Adjectif + voyelle : e muet final ne se prononce pas, la *consonne finale* + *r* passent à l'initiale du mot suivant (*cf.* leçon 1 sur l'enchaînement consonantique) et se prononcent sur le même ton plat que les syllabes *no* et *vo*.

---

* Voir leçon 14, p. 42.

C'est notre amie.	**Chez votre amie.**
C'est notre idée.	**Chez votre oncle.**
C'est notre habitude.	**Chez votre agent.**
C'est notre erreur.	Chez votre ouvrier.
C'est notre espoir.	Chez votre employé.
C'est notre avis.	Chez votre assistant.
C'est notre histoire.	Chez votre électricien.
C'est notre exemple.	Chez votre enfant.

❻ XERCICE 6

Certains mots peuvent passer de la catégorie atone à la catégorie tonique. C'est la fonction et la place du mot dans la phrase qui déterminent l'intonation qu'on doit lui donner.

Exemples

L'autre jour, j'ai rencontré madame Dupont.
L'autre est ici atone, il accompagne le mot *jour.*

C'est l'autre que je veux voir.
L'autre est ici tonique, il remplace un nom.

Dans la phrase 1, *l'autre* est dit sur un ton plat et l'accent tonique est sur le mot *jour*.
Dans la phrase 2, *l'autre* porte l'accent tonique, et il est dit sur la note la plus haute de la phrase.

L'exercice suivant présente deux séries de phrases simples, dans lesquelles le même mot est tour à tour atone et tonique.

Le deux octobre, c'est la rentrée.	**C'est le deux qu'on rentre.**
Sept passagers ont été retrouvés.	**Sept ont été retrouvés.**
Elles sont la même robe aujourd'hui.	**Elles ont la même aujourd'hui.**
Le vrai portrait de la Joconde est au Louvre.	**C'est le vrai qui est au Louvre.**
Certains programmes de la Télévision sont excellents.	Les programmes sont généralement bons, certains sont excellents.
Les petits enfants sont très sérieux.	Les petits sont très sérieux.
Donnez-moi une longue ficelle, s'il vous plaît.	Donnez-moi la plus longue, s'il vous plaît.
Il y a un gros moustique sur le mur.	Regarde le gros sur le mur.

Nous avons vu qu'un mot ou un groupe de mots formant une idée et ayant une fonction grammaticale globale n'a qu'un seul accent tonique. Ce mot ou ce groupe de mots peut être un verbe ou une expression verbale. Il sera toujours correct de mettre l'accent tonique sur le dernier mot du groupe. S'il est final, l'intonation descendra ; s'il n'est pas final, on montera sur le dernier mot du groupe.

Exemple : Toute la matinée, ils ont étudié.

4	_____
3	_____ née _____
2	Toute la mati___ ils ont é___
1	_____ tu___
	_____ dié

Exemple : Ils ont étudié toute la matinée.

4	_____
3	_____ dié _____
2	Ils ont étu___ toute la ma___
1	_____ ti___
	_____ née

Les exercices suivants opposeront des phrases simples dans lesquelles l'expression verbale sera successivement :

– Un verbe simple, formant à lui seul, avec un pronom, une phrase courte et complète.

Exemple : *Je travaille.*

– Un verbe + un complément

Exemple : *Je travaille toute la journée.*

– Un verbe composé d'un ou plusieurs auxiliaires et d'un verbe principal.

Exemple : *Tu aurais dû partir.*

– Un verbe ou une expression verbale accompagné d'un adverbe.

Exemple : *Il a beaucoup dormi.*

❷XERCICE 1

Je travaille.	Je travaille toute la journée.
Je lis.	Je lis toute la journée.
Je réfléchis.	Je réfléchis toute la journée.
Je tricote.	Je tricote toute la journée.
Je conduis.	Je conduis toute la journée.

Jø tape.

Jø couds.

Jø parle.

Jø tape toute la journée.

Jø couds toute la journée.

Jø parle toute la journée.

J'ai travaillé toute la journée.

J'ai lu toute la journée.

J'ai réfléchi toute la journée.

J'ai tricoté toute la journée.

J'ai conduit toute la journée.

J'ai tapé toute la journée.

J'ai cousu toute la journée.

J'ai parlé toute la journée.

J'ai bien travaillé toute la journée.

J'ai bien lu toute la journée.

J'ai bien réfléchi toute la journée.

J'ai bien tricoté toute la journée.

J'ai bien conduit toute la journée.

J'ai bien tapé toute la journée.

J'ai bien cousu toute la journée.

J'ai bien parlé toute la journée.

❷XERCICE 2

Il dort.

Il mange.

Il boit.

Il fume.

Il marche.

Il cherche.

Il chante.

Il tape.

Il dort dans sa chambre.

Il mange dans sa chambre.

Il boit dans sa chambre.

Il fume dans sa chambre.

Il marche dans sa chambre.

Il cherche dans sa chambre.

Il chante dans sa chambre.

Il tape dans sa chambre.

Il a dormi dans sa chambre.

Il a mangé dans sa chambre.

Il a bu dans sa chambre.

Il a fumé dans sa chambre.

Il a marché dans sa chambre.

Il a cherché dans sa chambre.

Il a chanté dans sa chambre.

Il a tapé dans sa chambre.

Il a tranquillement dormi dans sa chambre.

Il a tranquillement mangé dans sa chambre.

Il a tranquillement bu dans sa chambre.

Il a tranquillement fumé dans sa chambre.

Il a tranquillement marché dans sa chambre.

Il a tranquillement cherché dans sa chambre.

Il a tranquillement chanté dans sa chambre.

Il a tranquillement tapé dans sa chambre.

ⒺXERCICE 3

Tu devrais partir.

Tu devrais sortir.

Tu devrais déjeuner.

Tu devrais y aller.

Tu devrais jouer.

Tu devrais essayer.

Tu devrais chanter.

Tu devrais discuter.

Tu devrais partir avec eux.

Tu devrais sortir avec eux.

Tu devrais déjeuner avec eux.

Tu devrais y aller avec eux.

Tu devrais jouer avec eux.

Tu devrais essayer avec eux.

Tu devrais chanter avec eux.

Tu devrais discuter avec eux.

Tu aurais dû partir avec eux.

Tu aurais dû sortir avec eux.

Tu aurais dû déjeuner avec eux.

Tu aurais dû y aller avec eux.

Tu aurais dû jouer avec eux.

Tu aurais dû essayer avec eux.

Tu aurais dû chanter avec eux.

Tu aurais dû discuter avec eux.

Tu aurais sûrement dû partir avec eux.

Tu aurais sûrement dû sortir avec eux.

Tu aurais sûrement dû déjeuner avec eux.

Tu aurais sûrement dû y aller avec eux.

Tu aurais sûrement dû jouer avec eux.

Tu aurais sûrement dû essayer avec eux.

Tu aurais sûrement dû chanter avec eux.

Tu aurais sûrement dû discuter avec eux.

42 La forme négative

Comme pour la forme interrogative, on peut toujours appliquer une loi d'intonation simple, à savoir qu'il est toujours correct de placer le sommet de hauteur sur la fin de la négation dans une phrase négative, à condition toutefois que l'adverbe de négation ne soit pas final de phrase. Le schéma intonatif d'une phrase affirmative transformée en phrase négative variera donc de la façon suivante :

1. Je sais où il est.   **2. Je ne sais pas où il est.**

```
4 _____
3 __sais_____pas_____
2 Je_____où_____je ne sais_____où_____
1 _____il_____il___
  _____est_____est____
```

Dans la phrase 1, le sommet de hauteur est sur le verbe *sais* ; dans la phrase 2, il est sur le *pas* de négation.

ℰXERCICE 1

Travailler les exemples suivants en opposant les sommets de hauteur, dans les phrases positives et dans les phrases négatives, avec l'enregistrement.

Je͝ sais où il était.   **Je ne͝ sais pas où il était.**

Je͝ sais où il allait.   **Je ne͝ sais pas où il allait.**

Je͝ sais où il habitait.   **Je ne͝ sais pas où il habitait.**

Je͝ sais où il déjeunait.   **Je ne͝ sais pas où il déjeunait.**

Je͝ sais où il travaillait.   Je ne͝ sais pas où il travaillait.

Je͝ sais où il jouait.   Je ne͝ sais pas où il jouait.

Je͝ sais où il étudiait.   Je ne͝ sais pas où il étudiait.

Je͝ sais où il passait.   Je ne͝ sais pas où il passait.

Si l'adverbe de négation est à la finale de la phrase et qu'elle ne soit pas composée que d'un seul groupe, son intonation est en escalier.

Exemple : Je ne sais pas.

```
4 _____
3 _____
2 _____Je ne_____
1 _____sais_____
  _____pas_____
```

Autrement, le sommet de hauteur est placé sur l'adverbe de négation. Les exercices suivants opposeront des phrases négatives simples.

– *L'adverbe de négation étant intercalé dans l'expression verbale :*

Exemple : *Je n'ai pas su.*

```
4  _____
3  _____pas_____
2  Jø n'ai_____
1  _____su___
```

– *L'adverbe de négation étant final du premier groupe :*

Exemple : *Je ne sais pas où il est.*

```
4  _____
3  _____pas_____
2  Je nø sais____où_____
1  _____il_____
   _____est
```

---

❷XERCICE 2

Je nø sais pas.

Je nø vois pas.

Je nø lis pas.

Je nø connais pas.

Je nø bois pas.

Je nø couds pas.

Je nø réponds pas.

Je nø veux pas.

Jø n'ai pas su.

Jø n'ai pas vu.

Jø n'ai pas lu.

Jø n'ai pas connu.

Jø n'ai pas bu.

Jø n'ai pas cousu.

Jø n'ai pas répondu.

Jø n'ai pas voulu.

Je nø sais pas cø qu'il y a.

Je nø sais pas cø qu'elle en pense.

Je nø sais pas cø que vous voulez dire.

Je nø sais pas cø que j'ai.

Je nø sais pas cø qui se passe.

Je nø sais pas cø qui arrive.

Je nø sais pas cø qui est possible.

Je nø sais pas cø qu'il faut faire.

EXERCICE 3

Tu ne finis jamais.   **Tu n'as jamais fini.**

Tu ne suis jamais.   **Tu n'as jamais suivi.**

Tu ne réussis jamais.   **Tu n'as jamais réussi.**

Tu ne dis jamais.   **Tu n'as jamais dit.**

Tu ne ris jamais.   Tu n'as jamais ri.

Tu ne souris jamais.   Tu n'as jamais souri.

Tu ne faiblis jamais.   Tu n'as jamais faibli.

Tu ne fuis jamais.   Tu n'as jamais fui.

Tu ne comprenais jamais mon nom.

Tu ne comprenais jamais les cours.

Tu ne comprenais jamais l'explication.

Tu ne comprenais jamais les plaisanteries.

Tu ne comprenais jamais ce qu'on disait.

Tu ne comprenais jamais ce qu'on voulait.

Tu ne comprenais jamais ce qui arrivait.

Tu ne comprenais jamais ce qui se passait

EXERCICE 4

Vous ne mangez rien.   **Vous n'avez rien mangé.**

Vous ne chantez rien.   **Vous n'avez rien chanté.**

Vous ne trouvez rien.   **Vous n'avez rien trouvé.**

Vous ne remarquez rien.   **Vous n'avez rien remarqué.**

Vous ne demandez rien.   Vous n'avez rien demandé.

Vous ne commandez rien.   Vous n'avez rien commandé.

Vous ne fermez rien.   Vous n'avez rien fermé.

Vous ne décidez rien.   Vous n'avez rien décidé.

Vous nɇ voyez rien sur la table.

Vous nɇ voyez rien sur la neige.

Vous nɇ voyez rien sur la carte.

Vous nɇ voyez rien dans lɇ tiroir.

Vous nɇ voyez rien dans lɇ salon.

Vous nɇ voyez rien dans lɇ bureau.

Vous nɇ voyez rien sous lɇ lit.

Vous nɇ voyez rien sous lɇ paquet.

EXERCICE 5

On nɇ soutient personne.

On nɇ voit personne.

On nɇ reçoit personne.

On nɇ connaît personne.

On nɇ fréquente personne.

On nɇ demande personne.

On nɇ recommande personne.

On nɇ favorise personne.

On n'a soutenu personne.

On n'a vu personne.

On n'a reçu personne.

On n'a connu personne.

On n'a fréquenté personne.

On n'a demandé personne.

On n'a recommandé personne.

On n'a favorisé personne.

On nɇ voit personne le matin.

On nɇ voit personne le dimanche.

On nɇ voit personne en hiver.

On nɇ voit personne en août.

On nɇ voit personne après huit heures.

On nɇ voit personne dans la rue.

On nɇ voit personne sur le trottoir.

On nɇ voit personne sur la place.

EXERCICE 6

La conjonction de négation *ni* est dite la plupart du temps sur un ton légèrement montant, alors que la conjonction *et* est dite généralement sur un ton plat.

Exemple : Elle a besoin dᵉ vous et dᵉ moi.

4 _____

3 _____ vous _____

2 Elle a besoin dᵉ _____ et _____

1 _____ dᵉ moi

Exemple : Elle n'a besoin ni dᵉ vous ni dᵉ moi.

4 _____

3 _____ ni _____ ni _____

2 Elle n'a besoin _____ dᵉ _____ dᵉ _____

1 _____ vous _____ moi

Faire l'exercice suivant en tenant compte de cette remarque et en imitant l'enregistrement.

Elle a faim et soif.

Elle a froid et sommeil.

Elle a des chiens et des chats.

Elle a des poules et des lapins.

Elle reçoit des lettres et des journaux.

Elle parle anglais et espagnol.

Elle joue du piano et du violon.

Elle lit Stendhal et Malraux.

Elle n'a ni faim ni soif.

Elle n'a ni froid ni sommeil.

Elle n'a ni chien ni chat.

Elle n'a ni poule ni lapin.

Elle ne reçoit ni lettres ni journaux.

Elle ne parle ni anglais ni espagnol.

Elle ne joue ni piano ni violon.

Elle ne lit ni Stendhal ni Malraux.

⊃ Les subordonnées relatives

Souvent une subordonnée relative a une valeur d'adjectif. Du point de vue intonatif, elle pourra donc être assimilée à un adjectif, c'est-à-dire que l'on pourra considérer qu'elle ne fait qu'un groupe avec son antécédent, et *aucun accent tonique sur le pronom relatif*. L'accent tonique principal du groupe sera sur la dernière syllabe de la proposition subordonnée relative.

Exemple : Le train que je veux prendre est direct jusqu'à Paris.

Dans cette phrase, l'expression « que je veux prendre » détermine l'antécédent train. Il y aura donc un accent tonique secondaire sur le mot « train », aucun accent sur le pronom « que », et un accent tonique principal sur la dernière syllabe de la subordonnée, c'est-à-dire sur la syllabe « prendre ».

```
4 _____
3 _____ prendre _____
2 Le train que je veux        est direct jusqu'à
1 _____ Paris
```

ⒺXERCICE 1

L'exercice suivant présente une série de phrases simples avec des propositions relatives. La fin des relatives est marquée d'une flèche montante, indiquant que la voix doit monter sur cette syllabe. Les travailler avec l'enregistrement.

Le thé que tu as bu vient de Chine.

Le tapis que tu as vu vient d'Iran.

L'avion que tu prendras part à 19 h 29.

La machine à écrire que tu m'as prêtée fait trop de bruit.

Les ouvrières que tu as vues travailler sont toutes spécialisées.

Les danses que tu as vues ont été exécutées par une troupe chilienne.

Le cours que tu as suivi a été publié en 2001.

Ces malades que tu crois incurables seront guéris dans un an.

ⒺXERCICE 2

Si la subordonnée est finale, il y a un accent tonique secondaire sur le mot le plus important qu'elle contient, et un accent tonique final sur la dernière syllabe.

C'est celui qui a battu le record du monde.

C'est celui qui a sauté 4 m 40 à la perche.

C'est celui qui a été battu à la nage par un Japonais.

C'est celui qui a gagné le tour de France.

C'est celui qui est capitaine de l'équipe australienne.

C'est celui qui est champion des poids et haltères.

C'est celui qui est premier dans les courses contre la montre.

C'est celui qui s'est tué aux Vingt-quatre Heures du Mans.

➲ Les subordonnées conjonctives

Les subordonnées conjonctives, contrairement aux subordonnées relatives, ne forment pas un seul groupe d'idée avec la partie principale de la phrase : elles ne sont pas rattachées à un antécédent. Ce sont des sortes de complément de cause, de but, de condition… qui forment un groupe rythmique indépendant.

Les subordonnées conjonctives doivent donc être dites avec l'intonation d'un groupe rythmique, sans tenir compte de la conjonction de subordination proprement dite. La dernière syllabe de la subordonnée conjonctive sera montante si elle n'est pas finale.

Exemple : Puisqu'il est là, profitons-en.

```
4 _____
3 _____ là _____
2 Puisqu'il est ____ profi ____
1 _____ tons-
  _____ en
```

Exemple : Elle demande que ce soit vite fait.

```
4 _____
3 _____ mande _____
2 Elle de _____ que ce soit ____
1 _____ vite fait
```

La dernière syllabe de la subordonnée conjonctive sera descendante si elle est finale.

EXERCICE 3

Je crois que ça va marcher.

Je sais que ça va mal.

J'espère que ça va mieux.

Je pense que ça va aller.

J'exige que ça aille plus vite.

Je demande que ça parte tout de suite.

Je préfère que ça soit trop grand.

Je doute que ça soit juste.

Elle ne viendra pas puisqu'on n'a pas téléphoné.

Elle n'écrira pas, puisqu'elle n'a pas l'adresse.

Elle ne mangera pas, puisqu'elle n'aime pas ça.

Elle ne travaillera pas, puisqu'elle n'en a pas le droit.

ⒺXERCICE 4

Dès que vous arriverez, on ira.

Dès que vous voudrez, on appellera.

Dès que vous trouverez, on commencera.

Dès que vous sonnerez, on viendra.

Il veut partir, tandis que moi je veux rester.

Il est triste, tandis que moi je suis heureux.

Il est grand, tandis que moi je suis petit.

Il a bon caractère, tandis que moi non.

On vous le prêtera, à condition que vous ne l'abîmiez pas et que vous le rendiez demain.

On vous le dira, à condition que vous promettiez le secret et que vous nous aidiez.

On vous le trouvera, à condition que vous soyez patient et que vous y mettiez le prix.

On vous guérira, à condition que vous suiviez le régime et que vous soyez raisonnable.

➲ Les subordonnées infinitives et participes

Elles forment, elles aussi, un groupe rythmique à part, qui a une fonction grammaticale indépendante dans la phrase.

Exemple : *Pour travailler, j'ai besoin de silence.*

« Pour travailler » représente ici une idée complète, qui est complément de but de la principale « J'ai besoin de silence ».

Exemple : *En rentrant chez moi, j'ai trouvé du courrier.*

La subordonnée participe « en rentrant chez moi » est un complément circonstanciel de la principale « j'ai trouvé du courrier ».

Les propositions infinitives et participe étant placées au début des phrases, leur voyelle finale monte. Si la subordonnée est finale, le ton descend sur la dernière syllabe. Les deux possibilités sont données sur l'enregistrement.

EXERCICE 5

Pour voyager par avion, elle aimerait mieux une grande valise.

Pour sortir le soir, elle voudrait un manteau de satin.

Pour assister au match de football, elle pourrait mettre des bottes.

Pour danser après le réveillon, elle devrait avoir des escarpins.

En allant à l'école, ils s'amusent dans la rue.

En entrant dans la classe, ils saluent le maître.

En apprenant leur leçon, ils pensent à autre chose.

En attendant leur mère, ils jouent à cache-cache.

44 Les propositions incises

⒟ Définition

Une proposition incise (on dit aussi une proposition intercalée) est un mot ou un groupe de mots qui ne fait pas vraiment partie de la phrase. Cela peut être une explication, une précision, un doute, une supposition etc., qui est intercalé dans la phrase.

Exemple : *Il est venu, je crois, pour vous parler.*

Si on supprime « je crois », il reste la phrase « il est venu pour vous parler », qui est parfaitement correcte et compréhensible. « Je crois » est une incise de supposition. Du point de vue intonatif, il suffira d'insérer l'incise dans le schéma mélodique normal de la phrase, sur un plan beaucoup plus bas.

Exemple : Il est venu pour vous parler.

```
4 _____
3 _____nu_____
2 Il est ve̸    pour
1 _____vous_____
                        parler
```

Exemple : Il est venu, je crois, pour vous parler.

```
4 _____
3 _____nu_____
2 Il est ve̸            pour_____
1 _____vous par__
              je crois            ler
```

Les exercices suivants présentent des phrases avec des incises (en italique), qui devront être dites sur un ton plus bas que l'ensemble de la phrase.

⒠XERCICE 1

Leur fils, *le plus jeune*, a eu un accident.

Le metteur en scène, *vous vous en doutez*, a fait de nombreux courts métrages.

Je viendrai vers six heures et démie, *si ça vous arrange*, pour vous aider.

Prends mon carnet, *le jaune*, sur mon bureau.

Elle viendra demain, *à moins qu'elle ne puisse pas*, pour vous parler de sa thèse.

La vedette du film, *une Suédoise*, a reçu le prix du festival.

C'est ta mère, *il me semble*, qui a téléphoné.

C'est demain, *puisqu'ils y sont obligés*, qu'ils partiront.

Ⓔxercice 2

Quelquefois, on considère comme une incise un élément de la phrase qui n'est pas à sa place normale. En effet, on admet que l'ordre normal dans la phrase française est le suivant : sujet + verbe + complément direct d'objet + complément indirect d'objet + compléments circonstanciels.

Exemple : *Sa sœur / tape / le courrier / pour le directeur*
        = sujet / verbe / complément direct d'objet / complément indirect d'objet /
        dans le nouveau service / depuis un mois
        = complément circonstanciel de lieu / complément circonstanciel de temps

Cette phrase peut être dite de la façon suivante :
Sa sœur / depuis un mois / tape / le courrier
= sujet / complément circonstanciel de temps / verbe / complément direct d'objet /
pour le directeur / dans le nouveau service.
= complément indirect d'objet / complément circonstanciel de lieu

Dans ce cas, le complément circonstanciel de temps est déplacé entre le sujet et le verbe, on le dit alors sur un ton plus bas.

Il pourra manger, *plus tard en se réveillant*, un potage léger et un fruit.

Cet avion transporte, *au minimum*, soixante passagers.

Elle a fait cuire, *en nous attendant*, un poulet et des pommes de terre.

Il a répondu, *sans amabilité*, que ça ne le regardait pas.

C'est lui qui, *après cette décision*, veut partir.

J'aime mieux, *sans aucun doute*, le faire moi-même.

Donnez-lui, *dès que vous serez rentrés*, deux comprimés d'aspirine.

Et j'irai, *s'il le faut,* le lui dire moi-même.

Imprimé en France par Mame Imprimeurs à Tours
Dépôt légal 09/2007 - Collection n° 21
Edition n° 03 - 15/5218/1 - n° 07082048